DIALOGUE CHANGE

ダイアローグ
対話する組織

中原 淳
長岡 健

はじめに――「対話」のもつ可能性

企業で働く大人の学び、その諸問題

私（中原）は、教育学を専門とする研究者です。一般に、教育学と言えば、幼稚園・保育園から小学校、中学校、高校、大学までを、主な研究対象にすることが多いのですが、私の場合は一風変わっています。

これまであまり注目されることのなかった「企業で働く大人の学びや成長」をテーマにして、教育学の観点からさまざまな研究を行っています。新人やマネジャーに対する新たな研修、ワークショップや、組織診断ツールを開発したり、企業の方々にご協力いただきながら、質問紙調査を行ったりしています。

研究を進める中で、これまで数百以上の企業の人材育成現場を訪れ、人材育成担当者の方々からお話を伺ってきました。

人材育成担当者の方々から寄せられる悩みは、「将来のキャリアを描けない社員が多くて困っている」「ＯＪＴ（On-the-Job Training）が機能不全に陥っている」など、企業や職場によって異なります。インタビューでは、こうした具体的な問題に関してどのような対策をとっているのか、今後、どのように解決しようと考えているのかなどを聞かせていただいています。

多くの企業では、こうした個別の課題に対して、「研修」や「セミナー」といったかたちで個別の処方箋（Prescription）を講じている場合が多いように思います。

たとえば、「将来のキャリアを描けない社員が多くて困っている」という課題に対してならば「キャリア研修」や「モチベーション研修」、ＯＪＴに関するものならば、「ＯＪＴ指導者研修」が実施されます。

いずれも、それぞれの企業が抱える一つひとつの問題に個別に対応しており、それぞれの処方箋の間に「つながり」があるわけではありません。とにかく、「その問題を解決する手っ取り早い方法」として、それぞれの問題に即した「対処療法」が講じられることになります。

その他、研修以外にもさまざまな試みがなされます。「職場での知識共有がうまくいかない」という問題であれば、ナレッジ・マネジメントやソーシャル・ネットワーキング・サービス（SNS）などの導入が検討されることもあります。最近では、オフィス環境、つまり室内のレイアウトや、オフィス家具・什器類のデザインを通じて、職場における知識共有を促進しようとする考え方もあります[1]。

また、企業理念に関する処方箋としては、「経営者の訓話を収録したビデオの作成」「スローガンの提唱やパンフレットの配布」といったところが一般的でしょうか[2]。

もちろん、こうした取り組みの中には、めざましい成果をあげているものもあるようです。一方、さまざまなかたちで試みを進めているものの、いっこうに成果につながらず、担当者が悩んでいる場面も、多々目にしてきました。

多くの事例を見聞きする中で、私は、いくつかのことを思うようになりました。

1／オフィス環境の見直しによる人材育成、知識創造経営については、下記の書籍をお読みください。
紺野登（2008）『儲かるオフィス』日経BP社
アレン・トーマス、ヘン・グンター（2008）『知的創造の現場——プロジェクトハウスが組織と人を変革する』ダイヤモンド社
妹尾大、野中郁次郎、阿久津聡（2001）『知識経営実践論』白桃書房
潮田邦夫、妹尾大（2007）『魔法のようなオフィス革命』河出書房新社
2／増田有孝、森沢徹、久保佐和、滝雄二朗（2006）『２０１０年　日本の経営——ビジョナリー・エクセレンスへの地図』東洋経済新報社

第一に、多くの企業において「課題」だと認識されていることの根源は、実は、「組織内のコミュニケーションのあり方」に原因をもつことが多いということです。後ほど詳細を述べますが、キャリア、ＯＪＴ、情報共有、理念浸透などの問題は、個別に対応する問題というよりも、皆、根源的には「ビジネスの現場で支配的なコミュニケーションのあり方」に原因があり、それを見直すことで、解決にいたる可能性のあることが少なくないと思われます。

本書では、「導管メタファー」という視点を使って、組織内の、特にビジネス・コミュニケーションの問題点を探ります。効率性や合理性を優先するがゆえに、私たちは何か大切なコミュニケーションの一面を忘れてしまったのではないでしょうか。

第二に、組織におけるコミュニケーションのあり方を見直し、これを変えることができるのだとすれば、人々は今よりもずっとお互いや物事を理解し、自らの行動を見直し、変容させる可能性を有するのではないか、ということです。

別の言い方をすれば、コミュニケーションを見直すことで、「働く大人の学びや成長」を促す可能性があるといえるのかもしれません。

そして、組織学習（Organizational Learning）という観点からいえば、そうした個々人の学びや成長の積み重ねの果てに、組織変革（Transformaion）の可能性があるのだと思います。

先に述べたように、今、職場では、さまざまな課題が噴出しています。しかし、数多くの難問を抱えているにもかかわらず、それを解決するための手法は、多くの場合、非常にプリミティブであることが少なくありません。

本来は、組織のコミュニケーションのあり方や環境に問題があるにもかかわらず、いわば対処療法的に研修が実施される。その研修にしても、未だ講師が一方的に講義を行い、さまざまな留意点や注意点を受講者に注入するようなものが少なくありません。

もちろん、こうした活動に意味がないとは言いません。が、大人が物事の意味を理解し、腹に落ちたかたちで、行動を変えることをもし求めるのであれば、一方的に情報をインプットする形式の教育スタイルは、残念ながらあまり効果的なものとはいえません。

「知識を効率的にインプットする」ということと、「伝えられた物事を理解すること」「知識を行動変革につなげる」ということの間にあるギャップに、私たちはもっと敏感になるべきではないでしょうか。

■理解と行動変革には「対話」が不可欠

では、人が物事の意味をより深く理解し、個人の行動を変え、組織が変わっていくためには、いったいどうすればよいのでしょうか。どのように「組織のコミュニケーションのあり方」を見直せばよいのでしょうか。

最近の組織学習や社会学の研究では、人間が、物事への理解を深めたり、理念やビジョンを共有したりするための有効なアプローチとして「対話」(ダイアローグ)が注目され始めています。

互いの利害が複雑に絡む国際紛争や、思想的な背景の違う宗教対立へのアプローチとして「対話」が有効に使われているのに加え、いくつかの先進企業では、組織が直面する課題に「対話」というアプローチを取り入れ、成果をあげ始めています。

人は他者と語り合うことではじめて、物事の意味を探り当て、理解を深めることができる。

このように書くと、

「ああ、『会話』をすればいいんだね。職場でも、会話を増やすことが重要なんだよね、じゃあ、飲み会でもしようか」

という声が返ってきそうです。

実際、日常生活では、「対話」と「会話」は同じものとして受け取られるケースが多いでしょう。しかし、この本ではこれらを分けて考えます。

人々が物事やそれぞれの立場を理解したり、わかったことを行動に移したりする。これらのきっかけになるような「創造的なコミュニケーション」として「対話」を捉えたいと思います。対して「会話」とは、「通常のおしゃべり」であり、「情報交換」であると位置づけます。

もちろん「会話」も大切です。「会話」が、人間関係を良好にし、組織運営をスムーズにするコミュニケーション機会となることは間違いありません。職場での心地よい「会話」を通じて構築された人間関係が、メンタル面でもプラスに働き、モチベーションを高め、チーム全体のパフォーマンス向上に一役買うということがないとはいえません。また、「会話」をする機会が多い職場では、本書で述べている「対話」と同様の効果を得る可能性も高くなります。

本書で述べる「対話」とは、単に人間関係を良好にしてモチベーションを高めるといった、情緒・感情面での効果のみを得ようとするものではありません。むしろ、従来のビジネスで用いられてきた「議論」「折衝」「交渉」といったコミュニケーションの手段・方法、または「会議」というコミュニケーションの場と並ぶものとして、「対話」を捉えていきたいと思います。ただし、「議論」や「会議」では得ることができなかった効果を得る手段・方法・場として、「対話」というものを理解することが大切です。

「対話とは何か」「会話と対話の違い」などについては第2章で詳しく述べることとして、まずは今、多くの企業、組織が直面している問題の本質について見極め、それらの問題に「対話」というアプローチがなぜ有効かについて述べていきたいと思います。

本書は次のような構成となっています。

●第1章では、今、多くの企業、組織が直面している問題の本質は何か。その根底にある問題について考察します。

●第2章では、そもそも「対話」とは何なのか、議論や会話と「対話」はどう違うのか、「対話」にはどんな特徴があるのかについて考えていきます。

●第3章では、組織に対する「対話」の効果、「対話」を通じてできることを、具体的な事例とともにご説明します。企業内で「対話」を取り入れていくための参考にしていただけることでしょう。

●第4章では、「対話」による新たな「大人の学び」の可能性について述べたいと思います。

最後に本書の宛先――つまり筆者らはこの本を誰に対して書いたのか――を明確にしなければなりません。

本書がターゲットにしている主な読者層は、ラインで働く現場のマネジャー、あるいは、人材育成部門の方々、民間教育ベンダーの方々です。なるべく多くの方々にお読みいただけるよう、表現は平易にすることにつとめました。引用なども極力減らしています。また参考文献は、日本語で読めるものを選んであります。

企業人材育成を研究している大学院生、研究者の方には物足りない印象を与えることがあるかもしれませんが、これに関しては、また別の機会で論じるので、そちらの方をどうかご参照いただければと思います。

「対話」(ダイアローグ)というコミュニケーションのスタイルがビジネスの文脈にも広がることによって、職場は新しい知識や技能を生み出す創造的な場となる可能性があります。

そして、その場は、まさに「大人の学びや成長の場」そのものにもなり得るのではないかと思います。

さらに「対話」というコミュニケーションのあり方は、個々の企業の人材育成、組織課題を解決する可能性を有するだけではないと思います。こうしたコミュニケーションのあり方が、ひとつの企業だけでなく複数の企業に広がることを、執筆者らは願っています。その積み重ねとして、「大人が気楽にかつ真剣に学びを楽しむ場」が社会全体に生まれること。豊かで成熟した社会が、対話をひとつのきっかけに生まれることを願ってやみません。

中原　淳
長岡　健

目次

第2章

「対話」とは何か

社会構成主義的なコミュニケーションの理解と実践

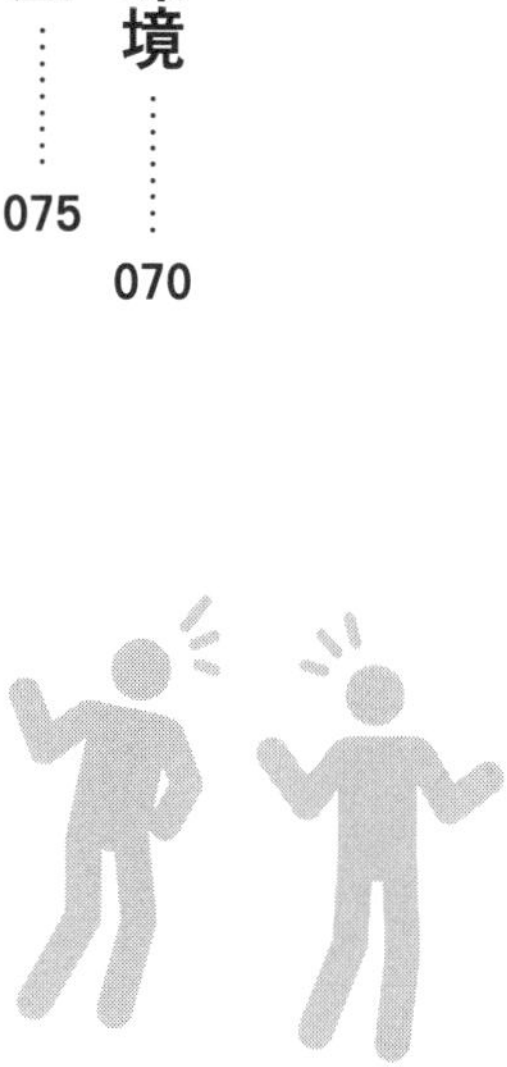

第3章

「対話」が組織にもたらすもの
その効果と限界

第4章 「対話」による新たな学び

第1章

「伝わらない」組織

導管メタファーからの脱却に向けて

なぜか「伝わらない」職場のコミュニケーション

組織が抱える悩みに共通する問題とは

「ＯＪＴ（On-the-Job Training：職場での仕事を通じた訓練）が機能せず、若手社員が育たない」
「職場での知識、技能の伝承がうまくいかない」
「企業理念や行動規範が社員に浸透しない」

これらは規模の大小問わず、企業の人材育成現場でよく耳にするフレーズです。今、多くの企業、組織が共通して抱える人材育成、組織運営上の悩みと言えると思います。そこには、ある共通点があります。それは、「知」の伝わり方、コミュニケーションに問題がある、ということです。

「昔は先輩の背中を見て部下は勝手に育ったもんだよ」
「技術は教わるものじゃない。盗むもんだ」
「企業理念や行動規範など、言葉にしなくても自然に身に付くもんだ」

一昔前までは特に意識してわざわざ伝える必要もなかったことが、今は伝わっていないようなのです。

メール、インターネット、携帯電話……。職場にはコミュニケーション・ツールがあふれているにもかかわらず、伝えたいものが伝わらない。絵やチャートを多用した美しいマニュアルや、論理的で「モレなくダブリない」（ＭＥＣＥ：Mutually Exclusive Collectively Exhaustive）プレゼン資料、短い言葉で理念や行動規範を言い表したミッションやバリュー。どこまでもわかりやすさを追求しているにもかかわらず、伝わらない。

「伝わらない」現象は職場のあちこちで起こっています。

以下、「伝わらない」現象の起こっているビジネスの現場をいくつか見ていきましょう。

わかるんだけど、腹に落ちない――一方通行のコミュニケーション

大手メーカーにつとめるA課長は四〇代後半。この数年で急に新卒採用者が増えたこともあり、いつの間にか職場の雰囲気も仕事のやり方もすっかり変わってしまった、とA課長は嘆く。

「この一〇年で何が変わったかって？　そうだなぁ……最近、何かとパワポを目にすることが多くなったことかな」

A課長の会社では、パワーポイントがあふれている。月に一度の部会議や経営会議では、発表内容はすべてパワーポイントの配付資料にまとめられている。

美しいチャートに、箇条書きでまとめられたコンセプト。関連するデータはふんだんに取り入れられ、グラフ化されている。ひと目で理解できる。若手社員向けに「ロジカル・シンキング研修」が行われていることもあり、申し分なく「ロジカル」で、文句のつけどころがない「きれい」なプレゼンだ。

「ロジカルできれいなプレゼン」は会議室の外でも続く。部下の中には、日中話をするときでも、プレゼン資料を持参してくる者がいる。

「課長、新商品の提案書をつくってみたんです」

部下は資料をA課長に見せながら、雄弁に説明してくれる。

「課長、この商品のコンセプトは、ここの図で説明してありますように……」

「課長、この商品のターゲット層に関しては、三枚目のスライドのチャートに示してあるように……」

A課長は、部下の言葉を遮った。

「君の言いたいことはよくわかるんだけど、なんとなく腹に落ちないんだよなぁ。そもそもその商品は、いったい、どういうことに困っている、どういう人が、どういうきっかけで手にとって、何に背中を押されて、レジに並ぶのかね？　僕にはさっぱり、そういう具体的な筋が見えてこないんだよなぁ」

しばしの沈黙のあと、部下は答えた。

「その点を踏まえて、もう一度パワポをつくり直してみます」

わかるんだけど、腹に落ちない。仕事をする中で、A課長と同じような思いを抱くことはないでしょうか。データによる論理的な裏付けもきちんとされていて、資料など必要な情報は揃っている。文句のつけようのない内容で、理解はできるが、どこか納得がいかない……。

データを活用して論理的な思考を行うことは、ビジネスの分野では「ロジカル・シンキング」と称されており、一九九〇年代、企業内教育の世界で一世を風靡しました。ロジカル・シンキングを用いると、迅速かつ正確に人に物事を伝えられるため、今もなお、ビジネスマンに欠かせないスキルと見なされています。書店に足を運べばたくさんの入門書が並んでいますし、新入社員研修のカリキュラムに組み込んでいる会社もたくさんあります。

提案書であれ、営業日報であれ、「モレなくダブリなく」情報をやりとりすることは、ビジネス・コミュニケーションの基本中の基本です。私たちは、日々、こうしたかたちでビジネスの現場で情報処理を行っています。もちろん、それが重要であることはいささかも否定しませんが、職場のコミュニケーションのすべてが論理的な情報伝達だけで済むわけではありません。

先ほどの部下の「ロジカルできれいなプレゼン」でA課長に伝わらなかったもの。それは何でしょうか。

市場分析の結果から論理的に導かれた新商品であることは、十分伝わっていたようでした。しかし、その商品を、いったいどういう人が手に取り購入していくのか、という具体的なストーリー（筋）に関して、A課長は納得がいきませんでした。

この商品が、それを手に取る人々にとってどのような意味をもちえるのか。A課長はそういったことについての詳細なイメージを部下と共有したかったに違いありません。しかし、部下はその後の対話を拒み、A課長と部下とのコミュニケーションは一方通行のままで終わってしまいました。

パワーポイントは視覚的要素も備え、効果的にコンセプトを伝えるための優れたプレゼンツールです。もちろん、利用方法によっては、そうした内容について魅力的に伝えられるケースもないわけではありません。

しかし、明確なロジックのもとに組み立てられたきれいなパワーポイントを作成してしまうことで、それを聞く人が本当に知りたいと思うことがすべて「伝わった」と錯覚してしまう危険性があります。見た目もきれいで、わかりやすくまとめられているだけに、なんとなくわかった気になってしまうことも多いのです。

お互い、向き合っているのに、なぜか一方通行のコミュニケーション。情報共有を促進するためのツールが、かえって相互の理解を妨げていることがあります。

後はメールで――メール文化の危険性

先ほどのＡ課長は、続けます。

「昔はねえ、こんなことはなかったんだよ。パワーポイントもメールもなかった頃は、もっといろんなことを話していたもんだ。今ではなんでもメールだよ」

多くの職場同様、Ａ課長の会社でもメールはコミュニケーションの中心だ。斜め前の席の人に、「そろそろ昼メシ、行きますか？」なんてメールを送ることも珍しいことではない。

たしかにメールは便利なツールだ。社長からの訓示、会議の連絡、新製品情報、健康保険組合からの連絡などなど、昔は「回覧」で回ってきたものが全部、一斉配信できるメーリングリストで送られてくる。

日々の業務報告や会議報告も、すべてメールであっという間に情報共有ができる。しかし、メールが部下とのコミュニケーションを阻んでいるような気がするときもある。

今日もこんなやりとりがあった。

「おい、昨日の○○商事との商談はどうだった？　Ｙ部長はお元気だったか？」

「課長、その件なら昨晩、メールで報告書をお送りしてますけど」

メールを見ていなかったＡ課長は、慌ててメールボックスを確認した。

しかし、A課長は釈然としない……。

向き合っているのに一方通行のコミュニケーション。ここでも、パワーポイントと同じことが言えます。

会議で喧々諤々やり合った後に、時間がなくなると、誰からともなく「その議論の続きは、メールでやりませんか」「もし何か質問があれば、メーリングリスト上でディスカッションしましょう」という提案がなされ、解散となる。

だらだらと続く議論を終わらせるための「逃げ口上」としては便利ですが、その後、メールで建設的な議論がなされ、問題が解決する、あるいは、会議でまとまらなかった事項が合意にいたる、ということはまずありません。せいぜいメーリングリストで会議の議事録が送られてくる程度です。そもそもメーリングリストで済むなら会議をする必要はないわけですから、当然といえば当然です。

登録された関係各位に一斉にメールを同時配信することができるメーリングリストは、多くの職場で最も頻繁に利用されているツールだと思います。

部課ごと、プロジェクトごとにメーリングリストが作られ、仕事上のコミュニケーションがなされています。

原理的には誰もが情報発信できる、インタラクティブ（双方向）にコミュニケーションできるツールなのですが、果たして本当にインタラクティブなコミュニケーションがなされているでしょうか。おそらく、皆さんのメールボックスにも、いくつかのメーリングリストからのメールが届いていると思いますので、ぜひ、チェックしてみてください。自分が受信しているメーリングリストのうち、いくつで「インタラクティブなやりとり」が実現していますか。

多くの場合、固定化されたメンバーが、一斉に情報の「伝達」をするツールとしてしか利用されていないのではないでしょうか。

同じ情報を共有することで、コミュニケーションが成立し、共通理解が進んでいるような錯覚をしてしまいがちですが、実は単に情報を送信しているだけで、本質的なことは何も共有できていない。しかし、そのような状況にありながらも、メーリングリストというメディアのもつイメージが「インタラクティブ」であるだけに、それを利用さえしていれば、あたかも「情報を共有できている」ように感じてしまう。すなわち「情報を一方向的にしか伝達できていないこと」を隠蔽してしまう。

メーリングリストが、そんな状況を生み出していることがあります。

失われゆく企業文化

A課長の会社は今年で創業八〇周年。

八〇周年記念事業の一環でもあるのだろうが、最近になって急に、スローガンや社内標語のようなものを社内で目にすることが多くなった。ホームページやポスターだけでなく、会社のパンフレットにも刷り込まれている。デザインを一新した名刺の裏にまで刷り込まれていて、少々びっくりした。八〇周年記念の全社員集会でも、このスローガンを全員で唱和させられた。

「しかしなんだかピンとこないんだよ」。

A課長は思う。

「今さら、わが社のミッションは『顧客価値の創造』だ、とか言われてもねえ。今までだって顧客価値を創造してきたからこそ、ウチの会社はここまで発展してきたんだから。若い社員に、社風や企業文化みたいなものを伝えたいっていう気持ちはわかるけど、そういうものは自然にできて、自然に伝わっていくもので、お経みたいに唱えればいいってもんでもないと思うんだよな。だいたい、こんなスローガンを掲げられたところで、現場で何すればいいんだかわからないよ」

ご存知のように、この一〇年ほどで日本の会社組織は大きな変化を遂げました。ベテラン社員の大量退職、派遣社員や契約社員の増加といった人材構成の多様化、若手層のみならず中堅クラスにまで広がる人材の流動化、グローバル化による海外子会社の外国人社員の増加……。会社に対する帰属意識の希薄化や、組織文化の衰退といった問題が顕在化しており、多くの企業は危機感を抱き始めています。

同時に、品質管理の問題や偽装問題、不正、横領といった倫理感の欠如が次々と露呈する中で、コンプライアンスも大きな問題となってきました。意識とモラルの向上は、企業にとって喫緊の課題となっており、そうした観点からも共通の倫理感や理念をもつことの重要性が高まっています。

こうした流れの中、昨今では、組織が大切にしてきた価値観や理念などを見直し全社員で共有しよう、という理念浸透の動きが顕著になっています。典型的なパターンでは、経営企画室などが中心となって、A社ならばA社ウェイ、A社スピリットを策定し、「新しい顧客価値の創造」だとか「豊かな社会を実現するモノづくり」といった箇条書きにした標語にまとめます。

標語ができると、ホームページやパンフレット、ポスター、手帳などを作成する。さらには朝礼などで標語を全員で唱和する。しかしながら、こうした試みを重ねても、多くの場合、期待したほどの効果が得られないようなのです。なぜでしょうか。

以前、リクルートワークス研究所の雑誌『Works』編集長の高津尚志さんは、理念浸透の難しさについて、

「会社としては、社員一人ひとりに理念を浸透させたいと言ってますが、社員の立場に立てば、誰も自分に理念が浸透して欲しいなんて思ってないんですよ」

とおっしゃっていました。

たしかにその通りです。「理念が浸透する」ということは、今までの自分の価値観を改め、新たな行動規範を学習し、行動を変えるということ。それを他人に強制されることは、どこかで不快感が伴いますし、簡単に実施できることではありません。もし仮に成功した場合に

は、それが個人にもたらす意味は非常に大きいものがあります。それにもかかわらず、いざ自分が「浸透させる側」に立ったときには、つい「理念浸透」という言葉を軽妙に、かつ、サラリと口に出してしまいがちです。

もちろん、こうした活動に意味がないとは思いません。組織が組織であるためには、どうしても、共有してもらわなければならないこと、行動規範、価値観などがあります。しかし、こうした事項は、残念ながら、伝える側が期待するほどには「伝わらない」。意味を理解し、それに共感し、これまでのあり方を振り返り、行動を変える、というところまでいくには、長い道のりがあるのです。

このように、組織内のあちこちで起こっている「伝わらない」現象。今、「知」の伝わり方や、コミュニケーションはどうなっているのでしょうか。

「情報化の時代」の中で、ビジネス現場における知識や情報を組織全体で共有する取り組みが進んでいます。会議の連絡から営業日報、議事録、さまざまな連絡や報告、提案、決定事項、参考資料、画像まで、あらゆる情報はすぐにファイル化され、ネットワーク上で共有されるようになりました。わからないことがあれば、誰かに聞かずにネットで検索、というのも日常的な光景となりました。

「情報化」によって、ビジネスの現場でやりとりされるあらゆる「知」は明文化され、データ化され、なんらかのかたちをもった「情報」として流通するようになりました。ロジカルな「情報」の迅速なやりとりこそが、ビジネス・コミュニケーションの中心です。上司は部下に仕事のやり方を記した文書ファイルをメールで送る、部下は上司に仕事の成果をメールで送る。それだけで現場が回っていくという例も珍しくありません。悲しいかな、コミュニケーションと情報伝達は、ほぼ同義語となっているのです。

ビジネスの現場を支配する、導管型コミュニケーション

「導管メタファー」というコミュニケーション観

コミュニケーションという活動を情報伝達と見なす考え方は、ビジネスの現場で支配的なコミュニケーション観となっています。

たとえば、あなたが顧客向けに新サービスのプレゼンをしたとして、自分の案が「伝わった」といえるのはどんなときでしょうか。一般的には、新サービスの体系や特徴、メリット、関連データ等の情報が正確に伝達されたときに「伝わった」と考えるのではないでしょうか。

これは、送り手から受け手へのメッセージの正確な移動をコミュニケーションと捉える、工学的な情報理論に基づいた考え方です[3]。

そして、情報を有形のモノとして捉え、情報の送り手と受け手の間にパイプのような流通経路があり、そのパイプにポンと情報を投げ込めばそのまま受け手に内容が伝わる、といっ

たコミュニケーション観は、「導管（Conduit）メタファー」と呼ばれ[4]、私たちの日常生活に広く浸透しています。**図1-1**の写真は、導管メタファーをレゴブロックを使って表現したものです。「上の方にいる送り手の頭」から「下の受け手の頭」に向けて、導管が伸びています。このように、送り手から発せられた情報が、受け手に向けてダイレクトに伝わると考えることが、導管メタファーにほかなりません。

図1-1　日常にあふれる「導管」的な情報伝達

もちろん、日常生活の中で導管メタファーを意識することはほとんどないと思います。しかし、私たちは無意識のうちに工学的な情報伝達モ

3／Shannon, C. E. and Weaver, W.（1949）*The Mathematical Theory of Communication*. The University Illinois Press
4／Reddy, M.（1979）The Conduit Metaphor. In A. Ortony（ed.）, *Metaphor and Thought*. Cambridge University Press

デル（図1-2）を心の中にイメージしつつ、コミュニケーションという活動を理解しています。

たとえば、オフィスにかかってきた電話をあなたが受けたとしましょう。取り次ぐべき担当者が不在で、先方が「伝言をお願いします」と要件を話し始めたとします。あなたはメモを取り、その内容を復唱して、要件をきちんと受け取れたかどうか、つまり、メッセージが正確に移動しているかどうかを確かめることでしょう。そこになんらかの齟齬があれば、メッセージの「再送」と「フィードバック」を繰り返す。メッセージの内容は確定したものであって、早く、正確にそれを移動すること、つまり、「情報伝達の効率」が問われることとなります。

このとき、メッセージの正確な移動を阻む要因は、「ノイズ」と見なされます。たとえば、商品機能の説明が求められているときに、「開発者としては、利用者のニーズを最大限に取り入れたことで、きめの細かいサービスをご提供できると自負しております」といったような主観的なコメントを挟

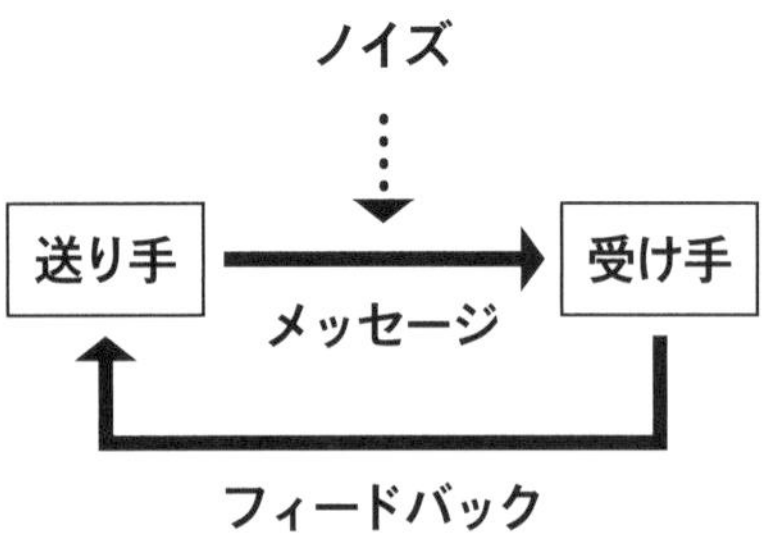

図1-2　工学的な情報伝達モデル[5]

むことは、情報伝達における典型的なノイズと位置づけられているのです。

教育現場の原風景——導管型コミュニケーションの典型例

ビジネスの現場で一般的な導管メタファーというコミュニケーション観、つまり、意味や目的意識の共通理解よりも、送り手から受け手へのメッセージの正確な移動を重視するコミュニケーション観は、私たちの日常生活にも深く浸透しています。そして、その典型的な例を、誰もが経験している近代的な学校教育に見出すことができます。「一斉授業」といわれる授業の形態がそれです。先ほどのレゴブロックの「送り手」を「教師」、「受け手」を「生徒」と考えれば、非常にわかりやすいかと思います。

教育の歴史をひもといてみると、いわゆる「一斉授業」は、一八世紀の産業革命時のイギリスが発祥だと言われています。「一斉授業」というと、今ではどの教育現場にも存在するのが当たり前のように思えますが、その歴史はたかだか三〇〇年程度しかない、比較的新しい発明物なのです。

5／加藤文俊（1998）「メディアとしてのゲーミングシミュレーション」新井潔他『ゲーミングシミュレーション』日科技連

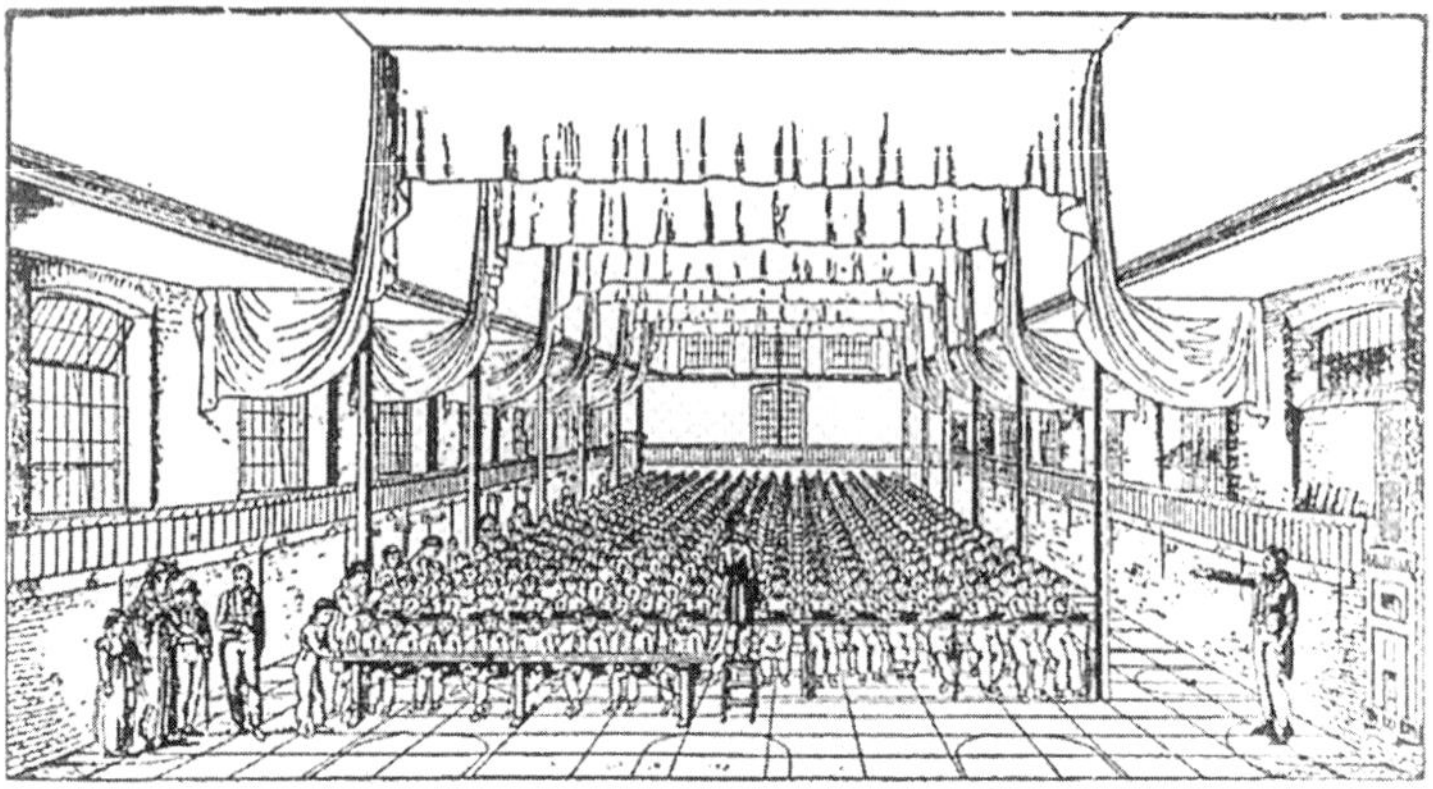

図1-3　一斉授業の原型

出典：佐藤学著『〈放送大学教材〉改訂版　教育の方法』財団法人放送大学教育振興会

産業革命という歴史上の大転換期にまず必要になったのは、安価な労働力でした。そして工場で働く労働力として、子どもが注目されるようになります。工場で働くためには、工場で働く手続き、作業の方法、さまざまなルールを教え込む必要があります。大量の子どもたちに、どのように正確にこれらの内容を教えるか。こうして発明されたのが一斉授業でした。

図1-3をご覧ください。この図では、真ん中に先生がいます。そして各列の端には年長者が立っています。マイクがないため、先生が年長者に伝え、それを次の列の人にも伝え……と、先生の言葉を伝言ゲームのようにして伝えているわけです。

これはまさに導管メタファーそのものです。

おそらく後ろへ後ろへと伝えるうちに、「伝言ゲーム」のごとく、最初に聞いたものとは微妙にずれていったのではないか、と想像しますが……。

一斉講義の手法は、その後、近代教育学の父といわれるドイツのヨハン・フリードリヒ・ヘルバルト、ヴィルヘルム・ラインらによって体系化され、手法化されます。

授業は

①予備：冒頭での教授内容の予告
②提示：教育内容の伝達
③比較：既習内容との比較
④総括：まとめ
⑤応用：応用問題等による定着

の五段階で行われることがよしとされました。そして、こうした教授のあり方を輸入しようとしたのが、欧米列強に圧力を加えられながらも独自に近代化を成し遂げようとした明治政府だったのです。

明治政府は、近代化をさらに加速させるためには、教育を改善することが早道と考えました。一八七二年、明治政府は学制を発布。それまで世襲によって決まっていた教育のあり方を見直し[6]、業績（達成度）に応じた教育を実現しようと決意し、「学校」の建設に乗り出します。

ここで輸入されたのが、海外で既に発明されていた一斉授業のスタイルです。

「学校」の成立以降、送り手から受け手への「知識」の正確な伝達を重視した教育方法が広く行き渡りました。今、私たちが心に思い描く学校の授業の原風景はこの頃に発明されたものであり、それ以来、教育現場に強固に浸透しているものです。

それに伴い、学校では、「授業の効率化」にふさわしい教育技術が次々とつくり出されていきました。

たとえば皆さんは小中学校の頃、挙手をするときに、自分の答えに応じて、グー・チョキ・パーなど異なった手のかたちで手をあげることを先生から求められたことはありませんか。それも、口を閉じて、沈黙したまま……。

これもいわゆる「授業の効率化」のための教育技術のひとつです。一時期、教育現場では大流行しました。

まず、生徒には、沈黙のまま挙手をすることを求める。先生は、挙手のかたちから、現段階の生徒の理解状況を把握して、次にどのように適切な教授を行えばよいのかを判断する。挙手は、あくまで教員が教えやすいようになされています。

そこで口を開けるのは教員だけ。生徒の発話は、「余計なノイズ」として見なされており、たいていの場合、口を開くことを禁止されている場合が少なくありません。

情報化の進展に導管メタファーが果たした役割

このように、学校の近代化とともに導管メタファーは教育現場に浸透し、今もなお支配的な教育のあり方となっています。

6／どこに生まれたかによって、つまりは世襲によって、受けることのできる教育、将来が決まってしまう社会のことを「属性原理社会」といいます。近代前の社会は、属性原理に基づいて社会秩序が構築されていました。これに対して、明治政府がめざしたのは「業績原理社会：メリトクラシー」です。本人の能力や達成度に応じた教育のあり方が探求されることになります。
竹内洋（1995）『日本のメリトクラシー――構造と心性』東京大学出版会
竹内洋（2005）『立身出世主義――近代日本のロマンと欲望』世界思想社

日本に住む私たちもまた、誰しも被教育経験をもっています。小学校、中学校、高等学校と教育を受けた場合、その合計時間は一万二〇〇〇時間に及ぶと言われています。この長い時間の中で私たちが、知らず知らずのうちに導管メタファーに順応してしまったとしても、無理のないことかもしれません。

それでは、ビジネスの現場では、どのような影響が見出せるでしょうか。

今日のビジネスにおいても、教育の場と同様、話そのもののみならず、情報の伝え方、知識の使い方へと、広く導管型のコミュニケーションが浸透しています。それに加えて、ビジネスにおいては「情報を有形のモノとして捉える」という考え方自体が大きなインパクトを与えているといえます。

「情報を有形のモノ」と見なす考え方は、一九八〇年代、いわゆる「情報化の時代」にもたらされました。この時代、アルビン・トフラーの『第三の波』[7]や、ダニエル・ベルの『脱工業社会の到来』[8]が注目を集め、「工業社会から情報社会へ」という議論が社会全体に広がっていきました。

それに伴い、ビジネスの世界でも、企業競争力の源泉としての情報に対する関心が高まりを見せてきました。これは、従来のマネジメントではあまり重視されてこなかった無形資産への注目を意味します。

「ヒト・モノ・カネ」といわれていた主要な経営資源に、「情報」が加えられ、「ヒト・モノ・カネ・情報」と言われるようになったのもこの時代からです。そして、情報という無形の「財」が通信技術を使ったデジタル・データのやりとりと強く関連づけられ、コミュニケーションとは「情報という財を流通させることである」という考え方が浸透していったのです。

そして、このような流れの中から、いわゆる「ナレッジ・マネジメント」と呼ばれる活動も生まれてきました。ナレッジ・マネジメントの定義については必ずしも一致したものが存在するわけではありませんが、一般に「ビジネス現場における知識の共有・創造を促進する活動や、その手法・ツールの開発に関わる活動」といった意味で理解されていると思います。

従来、属人的なものと見なされ、長い時間をかけて人から人へと受け継がれてきた「知識」を、最新の情報通信技術を活用しながら効率的に共有しようという発想は、まさに知識をモノとして捉え、効率的に流通させようとする考え方の典型です。

7／アルビン・トフラー（1980）『第三の波』日本放送出版協会
8／ダニエル・ベル（1975）『脱工業社会の到来 上下巻――社会予測の一つの試み』ダイヤモンド社

今日、ナレッジ・マネジメントの成果については、必ずしも高い評価を得ているとはいえない側面もありますが、ビジネス分野に情報や知識といった無形財に対する新たな視点をもたらし、限られた文脈に依存した経験的知識、特定の個人・場面に規定される事例的知識、一義的な命題に収斂しない一人称の語りといった、実務家のもつ多様な形態の知の可能性を明らかにしたことは高く評価すべきでしょう。そして、今日までのナレッジ・マネジメントの進展において、導管メタファーの果たした役割はきわめて大きいといえます。

「人の変化」を起こすコミュニケーションとは

導管メタファーでは「伝わらない何か」

しかし一方で、導管メタファーによって、コミュニケーション活動に関する重要な側面が覆い隠されてしまいました。

ナレッジ・マネジメントのような大仕掛けの活動だけでなく、先ほどご紹介したパワーポイントによるロジカルなプレゼン、メーリングリストによる情報伝達、スローガン提唱による理念浸透……どれも情報を有形のものとして捉え、移動させることによって伝わる導管メタファーの考えに基づいた情報伝達の例です。しかし、どの例も「伝わらない何か」を残しているようです。

ではこの、「伝わらない何か」とは何でしょうか。

導管メタファーでは、情報を聞き手に正確に伝達し、聞き手にその情報を復唱してもらうことで「伝わった」ことを確認します。ではもし、あなたが伝えたいことが、価値観や信念のようなものだったらどうでしょうか。聞き手がその価値観や信念を復唱できたからといって、それが本当に「伝わった」といえるでしょうか。おそらく、単なるオウム返しではなく、聞き手の共感が得られたり、行動や考え方に反映されたりしたときに初めて、価値観や信念が本当に「伝わった」といえるのではないでしょうか。

たとえば、「顧客第一主義」を企業理念に掲げた会社があったとします。この会社では毎朝この企業理念を唱和しており、全社員が「わが社の企業理念は顧客第一主義である」ということを知っています。しかしもし、皆が内心、これを建て前として捉えていて、期末の利益達成の時期には顧客ニーズをまったく顧みなかったとしたら……。やはり、「伝わっている」とはいえないでしょう。顧客第一主義という考え方が価値あるものとして全社的に受け入れられ、顧客第一主義に基づいた活動が全社的に実施されるようになって初めて、この企業理念が伝わったといえるのです。

あるいは、部下に仕事内容を正確に説明しただけで、働く目的や仕事の意味といったものは「伝わる」でしょうか。言うまでもなく、理解や納得を得られなければ、その仕事は本人にとって「やらされている」仕事に終わりかねません。そして「やらされ感」がある限り、当事者意識や自発的な行動を期待することは難しいでしょう。仕事だから仕方ないと割り切るべきときもあるでしょうが、それが組織に対する不信感、モチベーションの低下などへの引き金となり得ることを考えると、「伝わらない何か」を放置しておくのは、あまり好ましくなさそうです。

「情報の移動」から「人の変化」へ

このように考えると、価値観や信念といったものを「伝達されるべき対象」と見なすのはあまり意味あることとはいえないかもしれません。

というのも、価値観や信念が「伝わった」かどうかは、聞き手の共感や行動・考え方の変化を引き出したとき初めて確認できるものだからです。つまり、内容を理解し、納得し、腹落ちすること。そうした理解のプロセスを経て、行動や思考が変わること。ここまでの「変化」を外的に観察することができて、はじめて「伝わった」といえるのではないでしょうか。あるいは「伝えたい側」が望む成果が得られたというべきではないでしょうか。

しかし、コミュニケーションの場を「情報の流通経路」と見なしている限り、これに気づくことはありません。なぜなら、導管メタファーでは、送り手から受け手へ情報をいかに早く、正確に移動するかが目的とされていて、聞き手の共感や行動・考え方の変化を引き出したかどうかが問われることはないからです。「わかること」と「変わること」は本来別のことであるのに、これらを混同してしまいがちです。

情報化によって、情報という財の効率的な移動・流通については、大きな進展がありました。今では、「ヒト・モノ・カネ・情報」といったフレーズが力説されることもそうありません。既に語り尽くされたテーマだと、多くのビジネスパーソンが思っています。

しかし、コミュニケーションという活動が、人の行動や思考にどのような変化をもたらすかについては、情報化の波が押し寄せる以前の素朴な認識が根づいたままです。

部下の仕事ぶりを把握するために行っていた一対一の面談を、メールでの報告に替えることによって、情報共有に費やす時間を短縮することが可能でしょう。また、本社の大会議室で行っていた社長訓辞を、ネットを活用したビデオ配信に替えることで、限られた社員しか聴くことのできなかった社長の信念を、全社員に伝えることもできるでしょう。

しかし、それらによって実現されるのは「情報の移動・流通の効率化」であり、より深いコミュニケーションが可能になったわけではありません。「部下の仕事ぶりをよりよい方向に変えていくにはどうすべきか」「社長の信念が社員の心に響くようにするにはどうすべきか」、残念ながら、これらの問いに対する答えが、情報化によってもたらされることはありませんでした。

これを示唆する結果は、実際の社会調査においても出ています。

二〇〇七年に東京大学で実施した社会調査「ワークプレイスラーニング調査」の結果を見てみますと、メーリングリストの利用、グループウェアの利用、社内SNSの利用、社内ブログの利用、ひいてはITの普及など、情報化に関連するさまざまな項目と、組織内のコミュニケーションの間には、ごくごく弱い相関、あるいは無相関、はてにはマイナスの相関という結果が出てしまいます[9]。

もちろん、情報化のもたらす効果を、この調査の結果だけをもって結論づけることはできませんが、世にいう「組織内の情報化を進めれば、組織内のコミュニケーションは向上する」ということは、どうも疑ってかかる必要があるようです。

9／本調査は、東京大学の北村智先生、荒木淳子先生、坂本篤郎君、中原とダイヤモンド社の共同研究として実施されました。その成果の一部は、下記の論文誌をはじめとして、今後さまざまな学術誌に投稿する予定です。また、本調査の結果は『人が育つ組織のデザイン（仮称）』としてダイヤモンド社から刊行されることになっています。
北村智、中原淳、荒木淳子、坂本篤郎（印刷中）「業務経験を通した能力向上と組織における信頼、互酬性の規範」組織科学（組織学会）採録決定このままコミュニケーションを一元的に「情報の移動」と捉える導管メタファーに縛られていては、コミュニケーションを通じて人の行動や考え方がどう変化していくかに関する理解は、いっこうに深まりません。「情報の移動だけでは伝わらないもの」を「伝える」ために、そろそろ「情報の移動」から「人間の行動や思考の変化」に焦点を移してもいい頃ではないでしょうか。

ストーリーテリングの効用と限界

■ストーリーで語ることで「伝わる」もの

A社は海外に数万人の従業員を抱えるグローバル企業である。

A社は数年前「A社ウェイ」という組織価値を何点か箇条書きにまとめ、グローバルの全社に向けて発信した。近年、A社のダイバーシティ（多様性）はますます上がっている。さまざまな国籍、多種多様な社会的バックグラウンドをもっている人々が働き出している。国内では、非正規雇用を含め、さまざまな雇用形態で働く社員の数が、一〇年前とは比較にならないほど増えている。

そのような中、A社が創業以来守り通してきた組織価値が失われつつあるのではないか。「A社ウェイ」策定の背後には、経営者層が感じた組織価値に対する危機感があった。

A社ウェイは、「顧客志向のモノづくり」「サービスの創造的革新」といった四項目の箇条書きからなる。経営者は、この四項目をなんとか社員に徹底させたい。だが、項目だけを社内報やホームページに掲載し、ポスターや手帳を作って全社に広報したところで、けっしてその内容は理解されないだろう。

A社ウェイに込められた意味、思いをダイレクトに伝えるにはどうすればいいのか。直接語ることで思いは届くはずだ。そこで経営者や役員層が、この四項目にちなんだストーリーを社員に向けて語る場が設けられることになった。

そして、社員総会の社長訓話では、さまざまなストーリーが語られた。創業時に顧客の信頼を得るために苦労をした話、初の海外進出で英語もろくにできずに現地へ乗り込み、工場を建てるまでの話……社長は語気を強め、ときに目に涙を浮かべながら熱弁を振るった。

果たしてこの熱い思いは社員に届いたのだろうか。


今、ビジネスの世界では、価値観や信念といったものを効果的に伝える方法として、「ストーリーテリング」が注目されています[10]。事例のA社の社長が社員を前に熱弁をふるったようなかたちで、多くの企業で試行されているようです。「伝えたい内容をストーリーで語ること」、これが通常のビジネス書や経営書でいうところの、「ストーリーテリング」です。

その背後には「人に情報を伝達する際には、ストーリーの形式で伝えると、聞き手の理解が深まる」という考え方が存在しており、だからこそ、経営者がストーリーを語ることがよしとされています。

人間の知的活動とストーリー

たしかに、「顧客志向のモノづくり」といった言葉よりも、社長が涙しながら仕事を語る物語の方が、説得力があります。では、なぜストーリーによって理解が深まるのでしょうか。

10／ビジネス現場におけるストーリー研究の先駆けとなったものとして下記のようなものがあります。
Martin, J. and Feldman, M., Hatch, M.J. and Sitkin. S.（1983）The unique paradox in organizational stories. *Administrative Science Quarterly* Vol.28 No.3
近年は、ストーリーのもつパワフルな情報伝達力に焦点をあてたものや、組織変革やイノベーションとストーリーの関係をさぐるような論考が出始めています。
Swap, W., Leonard, D., Shields, Mimi and Abram, L.（2001）Using mentoring and storytelling to transfer knowledge in workplace. *Journal of Management Information Systems* Vol.18 No.1
スティーブン・デニング（2004）「ストーリーテリングの力」『ダイヤモンド・ハーバード・ビジネス・レビュー』10月号
ジョン・シーリー・ブラウン、カトリーナ・グロウ、ローレンス・プルサック、ステファン・デニング（2007）『ストーリーテリングが経営を変える――組織変革の新しい鍵』同文舘出版

それを考えるうえで重要なヒントを提供してくれるのは、認知心理学者でもあり、教育学者でもあったジェロム・ブルーナーです[11]。

ブルーナーは、人間の思考形式や認知作用には、「論理・実証モード」(Paradigmatic Mode)と「ストーリーモード」(原文はNarrative Mode)という二つのモードがある、と考えました。

論理・実証モードとは、別名「科学的モード」「合理的モード」であり、科学者やビジネスマンが最も重視している思考形式です。論理・実証モードは「ある物事が正しいのか、間違っているのか」を問い、厳密な分析を通して、物事の真偽を明らかにしようとします。

ビジネスマンの基礎的スキルとして、多くの研修で取り入れられている「ロジカル・シンキング」は、「何が正しくて、何が間違っているか」を形式的な論理推論を用いて判断します。これは「論理・実証モード」の思考形式をトレーニングしているといえるでしょう。

これに対して、ストーリーモードとは、「ある出来事と出来事のあいだに、どのような意味のつながりがあるか」を注視する思考の形式です。人間がどのような意図をもち、どのような行為を行い、何を経験し、どんな帰結にいたったのか……そうした出来事のあいだのつながりや意味を感じとる思考形式です。

ストーリーモードのもとでは「物事が正しいか、何が間違っているか」はあまり問題にはならず、むしろ「それは現実味に富んでいるか」「それは、腹に落ちるかどうか」が重要とされます。

表現は異なっているものの、認知科学の祖ドナルド・A・ノーマンも、ブルーナーと同じ主張を行っています。

「物語には、形式的な解決手段が置き去りにしてしまう要素を的確に捉えてくれる素晴らしい能力がある。論理は一般化をしようとする。結論を、特定の文脈から切り離したり、主観的な感情に左右されないようにしようとするのである。

物語は、文脈を捉え、感情を捉える。論理は一般化し、物語は特殊化する。論理を使えば、文脈に依存しない凡庸な結論を導き出すことができる。物語を使えば、個人的な視点で、その結論が関係者にどのようなインパクトを与えるか、理解できるのである。

11／ジェロム・ブルーナー（1998）『可能世界の心理』みすず書房
ジェロム・ブルーナー（2004）『教育という文化』岩波書店
ジェロム・ブルーナー（2007）『ストーリーの心理学――法・文学・生をむすぶ』ミネルヴァ書房

物語が論理より優れているわけではない。また、論理が物語より優れているわけでもない。二つは別のものなのだ。各々が別の観点を採用しているだけである」[12]

ストーリーモードは論理・実証モードによって一般化され、文脈に依存しない思考が見落としてしまうものを補完することができます。また、論理・実証モードも、ストーリーモードによって過度に個人的経験に根ざし、感情的になってしまう思考を補完します。つまり、論理・実証モードに傾きがちなビジネスの現場では、ストーリーモードによって補完することで理解が深まる、といえるのではないでしょうか。

人はストーリーで理解する

そもそも「なぜ人間はストーリーから理解を進めることができるのか」。この命題をかつて探求した研究分野は、認知心理学、人工知能研究でした。以下、そのなかでも有名なソーンダイクによる「物語文法」(Story Grammer)[13]と、シャンクとエイベルソンによる「スクリプト理論」(Script Theory)[14]を紹介したいと思います。

認知心理学者エドワード・ソーンダイクは、人間が「物語を記述するための抽象的ルール

体系」を頭の中にもっていると仮定して、それを「物語文法」と呼びました。簡単にいえば、

①設定
②テーマ
③プロット
④解決

の四つの大項目に従って、「誰が、いつ、どこで、どのような事件に巻き込まれ、どんなトライアルを行い、どういう結果が生まれたのか」を把握しようとするもので、人間の頭の中にある基本形ともいえるものです。ソーンダイクによれば、人々は、特定の物語に出合うたびに、このテンプレートに物語を当てはめ、理解を進め、必要な場合には、記憶するのだそ

12／ドナルド・ノーマン（1996）『人を賢くする道具——ソフト・テクノロジーの心理学』新曜社
13／Thorndyke, P.W.（1977）Cognitive structure in comprehension and memory of narrative. *Cognitive Psychology* Vol.9
14／Shank, R. C. and Abelson, R. P.（1977）*Script, plans, goals and understanding :An inquire into human knowledge structures.* Eurbaum

うです。

また、ソーンダイクは、実験の結果、物語を被験者に提示する順序が物語文法の形式に合致しているときの方が、文章の記憶や理解が促進されることを発見しました。つまり、テンプレートに当てはまりやすい物語を提示したほうが、人はその物語を理解しやすいということなのです。

一方、ロジャー・C・シャンクとロバート・P・エイベルソンは、人間の会話を理解するコンピュータ・システムを開発する中で、人間の知識は、ステレオタイプ化された状況と、それに伴って習慣化している行動のセットからなる「劇の台本のような物語」として表現されている、としました。この一連の物語を「スクリプト」と呼んでいます。

たとえば、最も有名なスクリプトとして「レストラン・スクリプト」というものがあります[15]。これは、レストランに行ったときの人間の行動が、時系列に従って記述されています。

［場面①入場］
客はレストランに入る
客はテーブルを探す

客はどこに座るかを決める
客はテーブルへ行く
客は座る

[場面②注文]
客はメニューを取り上げる
客はメニューを見る
客は料理を決める
客はウェイターに合図をする
ウェイターがテーブルに来る……（続く）

このように、人間の心の中には、特定の状況に応じた「台本」が無数にストックされており、それと照らし合わせたり、自分にとって利用しやすいように書き換えたりして、物事を理解しているというわけです。

15／Bower, G. H., Black, J. B. and Turner, T.J.（1989）Scripts in memory for text. *Cognitive Psychology*. Vol.11. を筆者改

「物語文法」と「スクリプト」、これらは細部で異なっているものの、「人間はストーリーを理解する構造を有しており、それを用いて理解を進める」という点では共通しています。人間は、心の中に物語をもっています。そして、物語を通して物事を理解しようとする動物なのです。

モノローグ・ストーリーテリングの限界

これまで述べてきたように、ストーリーには人の理解を深める効果がある、ということは確かなようです。ストーリー形式で語ることで、数値化されたデータや箇条書きのコンセプトだけでは伝わりにくい価値観や理念といったメッセージが、伝わりやすくなる可能性があるのかもしれません。

しかし一方で、「社長の訓話」のようなかたちの「ストーリーテリング」には限界もあることを指摘しなくてはなりません。

「社長の訓話」では、「話し手」と「聞き手」という関係が固定化されています。「話し手」は社長で、「聞き手」は社員です。たしかに伝達の形式はストーリーの形式になっており、「聞き手」としては、そうでない場合に比べて、格段に理解が進んでいます。しかし、よく考えてみると、これは「話し手」から「聞き手」に対して一方向的にストーリーが「独白」されている状況です。つまり、コミュニケーションの形態からいえば、「モノローグ（独白）・ストーリーテリング」、いわゆる導管メタファーそのものなのです。

先ほど触れましたように、今、経営学やビジネス書では、「ストーリーテリング」や「物語」が大流行の兆しを見せています。伝わりにくい理念、理解しにくい戦略……こうしたものを伝達する手段として、ストーリーの形式が注目されています。

これらの議論の背後にあるのは、「ストーリーの形式で伝えることが人間の認知的特性から考えて理にかなっているから、伝達手段としてストーリーを用いるのがよい」という考え方にほかなりません。しかし、そこで模索されていることは、結局のところ「情報の伝達」なのです。

このままでは、コミュニケーションを「情報の移動」と捉える導管メタファーを超えるのが難しいことは言うまでもありません。

組織における対話の重要性

■運動会と飲み会で思いは共有できるか

さて、くだんのA課長は、同期で総務部にいるB課長と飲み屋で一杯やっています。

「なんでこんなになっちゃったんだろうな。パワポだ、メールだって便利にはなったけど、かえって話は通じなくなっちゃった。昔はさ、上司と部下、もっとじっくり話し合っていたし、わかりあってたよな」

B課長が口を開きました。

「いやいや、そうでもなかったぞ。入社したときの直属の上司だったC部長なんて、なんにも教えてくれなかった。『仕事は先輩の背中を見て覚えろ』って感じで、怖くて話なんてできなかったよ」

「ああ、たしかに。今みたいに上司が部下に気安く声をかけることなんて、あり得なかったもんな。それでも一体感というか、あうんの呼吸でわかり合うものがあった気がする。頭ごなしに叱られても、どこか『自分のことはわかってくれているはず』という家族みたいな信頼関係があった」とA課長。

「そうだよなあ。昔はもっと家族的な雰囲気があった。運動会や社員旅行なんかもあって、社員同士の結束も強かったよね。上司や先輩によく飲みにつれて行ってもらったし、たまに家に泊めてもらったりもした。今の若い人はワークライフ・バランスなんて言って、仕事の後はさっさと帰っちゃう。やっぱり運動会や社員旅行を復活させて結束力を高めるべきなんだよ」

どうも従来のコミュニケーションでは、「伝わっていない」ことがある……。コミュニケーションが希薄なせいか、人と人とのつながりも失われた気がする。こうした危機感は、実は無意識に多くの組織で共有されているように思います。

その現れのひとつなのか、組織としての価値観を共有するためのさまざまな試みが随所ではじまっています。失ってしまった「結び付き」「絆」「結束」を取り戻そうと、社内運動会や社員旅行、独身寮などを復活させる企業がちらほら出てきましたし、職場の親睦を深めるための飲み会に予算をつけるケースも増えているそうで、価値観や行動規範が何も言わなくても伝わる古きよき日本の家族的な企業像、そして昔ながらの「飲みニケーション」のよさが見直されているともいえます。

組織内にインフォーマル・ネットワークを構築するという意味においては、このような社外活動を通してコミュニケーションの機会を増やすことは悪いことではありません。

しかし、社内で価値観を共有し、社員の結束力を高めるため、会社の命令で半ば強制的に親睦を深めるのは、果たして今のビジネス環境にマッチしたやり方なのでしょうか。

そもそも高度経済成長期に社員が価値観や行動規範を共有できたのは、社内運動会や飲み会のおかげだったのでしょうか。年功序列と終身雇用、右肩上がりで給料が上がっていき、ずっとここで暮らしていけるという家族主義的な企業観が社会全体に広がっていた。悪く言えば、組織自体が企業に隷属する個人の集団だったからこそ、運動会も飲み会もコミュニケーション手段のひとつになり得ただけではないでしょうか。

今や、会社に寄りかかって生きるどころか、個人は常に成果を問われ、会社との関係は一定の距離感と緊張感を伴うものとなっています。その一方でワークライフ・バランスが喧伝され、家族や個人の生活を尊重する働き方が一般的となってきました[16]。そんな中で、非日常の社内運動会や社員旅行では会社に隷属することを求められ、日常的には自律した個人として成果をあげることが求められる……。

このようなやり方で、価値観や行動規範が「何も言わなくても伝わる」昔のような組織の「絆」が生まれるのでしょうか。さらには、組織に属する個人の「絆」に頼ることなく、自律した個人と個人の関係を保ちつつも、お互いの価値観を共有することはできないのでしょうか。

緊密なコミュニケーション＝よい職場、という幻想

そもそも「結び付き」「絆」「結束」といったキーワードに代表される家族主義的なつながり、緊密なコミュニケーションが増せば、問題はすべて（Catch All）解決し、よい職場が生まれるのでしょうか。必ずしもそうとは言えない側面もあります。

たとえば、沼上幹氏らの一橋大学の研究グループの行った社会調査は、そのことの一部を

16／佐藤博樹、武石恵美子（2008）『人を活かす企業が伸びる――人事戦略としてのワークライフバランス』勁草書房

示唆してくれます[17]。

沼上氏らは、「戦略の創出と実行を妨げる相互作用」「組織内調整の難しさ」を「組織の〈重さ〉」というコンセプトでまとめ、どのような特徴をもった組織が重い組織なのかを実証的に明らかにしようとしました。

沼上氏らの調査結果によると、職場内の人間のつながり、つまりは社会ネットワークが発達していればいるほど、根回しが必要になり、組織の「重さ」が増すことが明らかになっています。

これは一例にすぎませんが、緊密なコミュニケーションが必ずしもよい職場に結び付かないひとつの事例かと思います。人の緊密なつながりが、かえって、社内の合意形成（根回し・報告）に過剰な時間と労力を必要としてしまう可能性もあるということです。

組織学習研究の中では、緊密なコミュニケーションよりも、むしろ批判的なコミュニケーションをオープンに行えるかどうかが重要である、という知見も出ています。たとえば、ハーバード・ビジネススクールのデイビッド・ガービンらは、組織学習を支える要因として、①精神的な安全、②違いの尊重、③新しいアイディアの許容度、などに注目しています[18]。

①精神的な安全とは、「思ったことを自由に発言できる」「問題点や意見の相違について気

軽に話ができる」、②違いの尊重とは、「意見が食い違った場合、相手と直接話し合いで解決する」「主流の意見にそった考え方以外でも尊重される」、③新しいアイディアの許容度とは、「新しいアイディアを尊重する」といった内容です。

これらの内容からも、家族主義的で緊密な、いわゆるかつての日本企業に代表されるコミュニケーションスタイルのある職場が「よい職場」かというと、必ずしもそうともいえないことがわかります。

「対話」(ダイアローグ)というコミュニケーションの可能性

では、組織に属する個人の「絆」に頼ることなく、自律した個人と個人の関係を保ちつつも、お互いの価値観を共有するには、どのようなコミュニケーションのあり方が求められるのでしょうか。それを探るために、単なる「情報の移動」ではない、聞き手の共感や行動・

17／沼上幹、加藤俊彦、田中一弘、島本実、軽部大（2007）『組織の〈重さ〉——日本的企業組織の再点検』日本経済新聞出版社

18／デイビッド・ガービン、エイミー・エドモンドソン、フランチェスカ・ジーノ（2008）「『学習する組織』の成熟度診断法」『ダイヤモンド・ハーバード・ビジネス・レビュー』8月号

考え方の変化を引き出すコミュニケーション活動に注目してみましょう。

認知言語学者のジョージ・レイコフとマーク・ジョンソンは、聞き手の共感や行動・考え方の変化を引き出そうとするコミュニケーション活動に注目し、導管メタファーとは異なるコミュニケーション観を提示しています[19]。それは、コミュニケーションを「創造的理解にいたる継続的な相互作用のプロセス」と見なすコミュニケーション観です。

ここからイメージされるのは、話し手と聞き手が固定的な役割にとどまることなく、あるテーマに基づいて相互に入れ替わりつつ語り合い、双方の意見を少しずつ変えていきながら共通の理解に到達していく姿です。

情報の移動に注目する導管メタファーとの大きな違いは、「人の変化への注目」、つまり、「コミュニケーションを通じて、参加者自身が変化していくプロセスを捉えようとする視点」にあります。このような視点をもつと、導管メタファーに覆い隠されていた、コミュニケーション活動と人の成長や組織のあり方の関係を映し出すことができます。

単に言葉や思いを一方的に伝える導管型コミュニケーションから脱却し、コミュニケーションをもっと双方向、インタラクティブな環境の中にとらえる。ロジカルなものだけでなく、必要に応じてストーリーを語り合い、意見を述べ、相互に理解を深めていき、考え方や行動が変化していくプロセス。そこに「対話」（ダイアローグ）というコミュニケーションが浮かび上がってきます。

それでは、「対話」とは何でしょうか。次章で詳しく述べていきたいと思います。

19／ジョージ・レイコフ、マーク・ジョンソン（1986）『レトリックと人生』大修館書店

第2章

「対話」とは何か

社会構成主義的な
コミュニケーションの理解と実践

「対話」が求められるビジネス環境

単なる「情報の移動」ではない、相互に理解を深めていくためのコミュニケーションを実現するカギとなるのが「対話」です。とはいえ、多くの日本人にとって、「対話」はなじみの薄い言葉です。一般には「会話」や「雑談」と何が違うのかといった疑問が湧いてくるかもしれません。「単なるおしゃべり」や「だべり」みたいなものを、学者風の小難しい言葉に置き換えただけじゃないかと思う人もいるでしょう。

そして「対話」（ダイアローグ）という言葉から、ただの「おしゃべり」が連想されてしまうなら、「ビジネス・コミュニケーションとしての対話」と言われても、ピンとくる人が少ないのは当然です。それは、会話、雑談といったものに付きまとう「ゆるいムード」が、ビジネスの世界の真剣勝負における「マジなムード」とは相容れないものだと思われてきたからです。

特に、企業が社員に対して、上からの指示に従い、ひたすら全力で突き進むことを要求する時代には、会社の中で「ゆるいムード」を醸し出すのはもってのほかと思われたことでしょう。

以前、ＮＨＫが一九六九年に制作した『社員改造』というドキュメンタリー番組を見たことがあります。この番組は、高度経済成長を支える人材がどうやって育成されたのかを知ることができる貴重な映像資料であり、当時の人材育成の様子がよくわかります。

その中に、頭に鉢巻をまいたワイシャツ姿の集団が大声で何かを叫んでいる映像がありま す。それは、当時のマネジャー研修の中で行われていた、「周りの人間や部下から何を言われても、ひるまず気合で言い返す」というトレーニングの一コマです。このトレーニングなどは、まさに「わき目も振らず、突き進め」という当時の行動規範を表しています。そのような行動規範の支配する当時の職場においては、上司とは「絶対の存在」であり、「唯一の規範」でなければならなかったのです。

また、そのドキュメンタリー番組には、軍隊のように隊列を組んで神社にお参りをする新入社員研修のシーンもありました。少々極端な気もしますが、これも「上からの命令には疑問をもたず、一糸乱れずまっすぐ進め」という行動規範をよしとしていた時代を象徴しているといえるでしょう。当時の新人の育成とは、「育てること」や「成長する」という言葉からはほど遠いものがあります。それは「上司の指示・命令に対して、従順に従う身体の開発」であったのではないかと筆者は思っています[20]。

この番組の中で提示されている企業人材育成の姿は、今の時代に生きる私たちにとっては、ぞっとする光景のように思えるかもしれません。しかし、高度経済成長のまっただ中にあった当時の人々は、この様子を疑うことはなかったでしょうし、実際、このようなやり方でうまくいっていたことも事実です。日本は、このような指示命令と、それに従順な身体開発のはてに、世界第二位の経済大国となりました。

一人ひとりの価値観や理念などを改めて問うこともなく、一緒に汗を流し、同じ釜の飯を食う家族のような社員同士が、あうんの呼吸で自然にわかり合い、同じ方向に向かって全力で突き進む。高度成長期の日本企業においては、そんな家族主義的で緊密な付き合いが当然のものとされていましたし、それで一事が万事うまくいく時代であったのかもしれません。

日本全体が、大量生産を行えば、今日より明日、明日より明後日、自分たちはさらに裕福になれるという「大きな物語[21]」を共有しているとき、企業にとって取り組むべき問題は明確であり、何をすれば会社の利益になるのかを社員全員が共有することも、特に難しいことではありませんでした。

だから、相互に理解を深めていくための「対話」に多くの時間を費やすよりも、疑う余地のない共通の目標に向かって、休むことなく全力で突き進むことが大切だったのです。当時の上司―部下関係にとって重要なのは「指示・命令が届いているか」であり、「コミュニケーションが成立しているか」ではありませんでした。

しかし、今日の企業にとっては「取り組むべき問題は何か」ということ自体があいまいで、流動的なものになっています。顧客のニーズは多様化し、「より便利に、より快適に、より豊かに」を単純に追い求めればモノが売れる時代は過ぎ去りました。今日より明日、明日より明後日には、誰もが裕福になれるという「大きな物語」もすでに消失しています。人口減少経済の中で、どのように今あるものを維持し、何を捨て去るのか。限られた環境資源と富を、どのように分配していくのか。地球規模のモデルなき模索が続いているのが、現代なの

20／近代に発明されたさまざまな機関――軍隊、監獄、学校、工場、病院は、規律と規則によって従順な身体を造り出す社会的装置として機能していることを喝破したのは哲学者ミシェル・フーコーです。おそらく、かつての企業内教育も、指示・命令と長時間労働に耐え得る「従順な身体の開発」に充てられていたものと推測できます。
ミシェル・フーコー（1977）『監獄の誕生』新潮社

21／ジャン・フランソワ・リオタール（1986）『ポスト・モダンの条件――知・社会・言語ゲーム』水声社

です。

このような社会にあっては、社員の価値観や信念も多様化し、「上からの命令には疑問をもたず、一糸乱れずまっすぐ進め」といった古い時代のロジックは通用しません。むしろ一人ひとりが「そもそも、このプロジェクトは何をめざすのか」「そもそも、この製品の存在意義は何か」を主体的に考え、あいまいで、流動的な「めざすべき方向」を共に探索していく、協同的な思考のプロセスをつくり上げていくことが必要となりました。「早く走ること」よりも「深く考えること」が求められる時代だと言っていいかもしれません。

そして、それぞれが「深く考えたこと」を、どのように行動につなげていくか。そのためには、お互いの理解を共有し合うプロセスが必要となるでしょう。そこに、対話の可能性を見出すことができます。

対話の具体論に入る前に、まずは対話の可能性にアカデミックな視座から迫っていきたいと思います。

「対話」へのアカデミックな視座

意味が人の行動を方向づける

決算期を迎えたA社の取締役会。全役員が集まり、各自、先ほど経理部が計算をしたばかりのバランスシート（貸借対照表）を手にしている。これから、今年がA社にとってどういった一年だったのか、議論が始まるところだ。

ある役員が悲壮な面持ちで口火を切った。

「今年は急激な景気悪化に対応できず、わが社の財務はズタズタだ。このままでは危ない。部門再編や事業転換も辞さない、思い切った舵取りが必要ではないか」

するど別の役員が口をはさむ。

「いや、他社も似たような状況だ。これほど悪い環境の中、このぐらいの結果で済んだのは、むしろよくもちこたえたと言っていいのではないか。景気もすぐには上向かないまでも、そろそろ底を打つだろう。しばらく様子を見ながら、今の路線を続けたほうがよいのでは」……。

それぞれの役員が自分の解釈を述べたり、反論したり。延々と会議が続く。

長い議論の末、今年は急激な景気悪化という特別な要因があり、状況は厳しいが、今大きな改革に着手するのはリスクも大きいので、当面は現在の路線を継続する、という結論にいたった。

さて、この取締役会において、どのように「当面は現在の路線を継続する」という決定がなされたのでしょうか。財務に関する知識をおもちの読者なら、「それはバランスシートに書いてある」と言われるかもしれません。

でも、ちょっと考えてみてください。バランスシートには、客観的事実としての数字が並んでいるだけで、「当面は現在の路線を継続する」とはどこにも記されていません。数字が何を示唆しているのか、この一年のビジネスはどう評価されるのかは、取締役たちの議論を通じて「意味づけ」られたのです。この「意味づけ」こそが、次年度のA社のビジネス活動を方向づけ、未来をつくるといえるのではないでしょうか。

もちろん、バランスシートに記された数値は客観的なものであり、実在するものです。しかし、それだけでこの会社の方向性が決まるわけではありません。人間によって、その数値が解釈され、相互のやりとりを通じてどんな意味が付与されるかによって、次年度の戦略は変わってきます。つまり、情報やデータそのものではなく、それらを当事者がどのように「意味づける」かによって、未来が方向づけられるということです。

これに近いことは、私たちの日常でも頻繁に起こっています。たとえば、ある夫妻の自宅のダイニングテーブルに、半分ほどワインが入ったボトルが置かれていたとしましょう。仕事から帰った夫がボトルの中のワインを見て、「まだ半分ある」と意味づけたなら、夫はグラスにワインをなみなみと注ぎ、仕事の疲れを癒そうとするでしょう。しかし、それを見ていた妻が「もう半分しかない」と意味づけたなら、「今日は我慢して、週末の楽しみにワインをとっておきましょう」と夫に提案するはずです。

「ボトルに半分ほどワインが入っている」という客観的事実について、二人は知っています。でも、その「意味づけ」については、必ずしも共有しているわけではありません。だから、夫と妻が提案した行動は異なるものとなったのです。たとえ、客観的な情報を共有していたとしても、その「意味づけ」を共有できなければ、協調的な行動をとることはできません。

では結局、夫婦はこの日ワインを飲むのでしょうか。それとも、週末の楽しみにとっておくのでしょうか。それは、この夫婦がワインの残量の「意味づけ」について、どのようなコミュニケーションを行い、どういう合意にいたるかによって決まります。

このように、情報やデータそのものは「固定的な意味」をもっているわけではありません。常に、人によって異なる意味づけがなされる可能性にさらされているのです。そして、このことは人々が協同的な活動を進めることを難しくします。なぜなら、協同的な活動を進めるには、当事者全員が客観的な情報を共有するだけでなく、それぞれの意味づけについて、相互に理解することが求められるからです。

では、この困難なプロセスはどのように達成されるのでしょうか。この問題に答えるには、さらに深い問題——意味がどのように生まれてくるのか、について理解する必要があります。それを次に考えてみましょう。

人はコミュニケーションの中で意味を紡ぐ——社会構成主義

コミュニケーションによって、物事の意味づけがなされる。そして、その意味づけによって、人々の行動は方向づけられていく。こうした考え方は、「社会構成主義」(Social

Constructionism）と呼ばれる哲学的立場を背景としています[22]。

この考え方の端緒としてしばしば引用されるのは、社会学者であるピーター・L・バーガーとトーマス・ルックマンの『日常世界の構成』です[23]。しかし、今日の社会構成主義は、社会学だけでなく、教育学、心理学をはじめとする人文社会科学の広い分野に影響を与えています。その理由は、社会構成主義が、多くの学問分野の根幹を揺るがすような新たな見方を研究者たちに叩きつけたからです。

社会構成主義の根幹にある考え方は、「物事の意味とは客観的事実ではなく、社会的な構成物である」という主張です。ここでいう「社会的な構成物」というのは、「人々の社会的コミュニケーションによってつくられたもの」という意味にとらえてください。

これを踏まえて考えると、先ほどの社会構成主義の主張（「物事の意味とは客観的事実で

22／社会構成主義は、今世紀を代表する社会思想であり、人文社会科学の各分野に強い影響を与えているメタ理論です。たくさんの専門書が出版されていますが、下記の三部作が最も読みやすく、かつ、網羅的であると思います。
ケネス・ガーゲン（1998）『もう一つの社会心理学――社会行動学の転換に向けて』ナカニシヤ出版
ケネス・ガーゲン（2004）『社会構成主義の理論と実践――関係性が現実をつくる』ナカニシヤ出版
ケネス・ガーゲン（2004）『あなたへの社会構成主義』ナカニシヤ出版
23／ピーター・バーガー、トーマス・ルックマン（1977）『日常世界の構成――アイデンティティと社会の弁証法』新曜社

はなく、社会的な構成物である」）は、ふだん私たちが客観的に存在していると思っている「物事の意味」が、実は人々の社会的なやりとりの結果としてつくり出されてきたものであり、絶対的に揺るぎない「物事の意味」など存在しない、という意味になります。

これはサラリと述べましたが、学問の世界の住人にとっては非常にラディカルな主張です。なぜなら、絶対に揺るぎない「物事の意味」といったものが存在しないのだとすれば、それが存在することを前提にし、それを見つけようと努力している「科学」の力、ひいてはその存在意義を疑うことになるからです。

案の定、社会構成主義のラディカルな主張は、絶対的真理の存在を信じ、追究してきた科学者にとって、自らの存在を揺さぶる大問題となりました。当然のことながら、科学者なら「科学の成果とは、この世界についての客観的な真実であり、その正しさは社会や文化のあり方に左右されるようなものではない」と主張するからです。

それに対して、ブルーノ・ラトゥールら、いわゆる「ポストモダニスト」たちは、科学の追求している事実や知識といったものが客観的だという考え方に反対する主張を展開していきました[24]。そして、一九九〇年代、科学的知識に関する社会構成主義的な視点は、「サイエンス・ウォーズ」と呼ばれるほど激しい論争を学問の世界に巻き起こしました。

一見、こうしたアカデミックな論争自体は、ビジネスパーソンには関係ない話題と思われるかもしれません。しかし、「対話」というものの可能性を本質的に理解したいと願うのなら、それが学問の根幹を揺るがす大問題と無縁ではないことを、心のどこかに留めていただきたいと思います。

さて一方、もう少し身近な日常の世界に対して、社会構成主義的な考え方はどのような影響を及ぼしたのでしょうか。

それは、この世の中に存在する、一見、絶対的だと思われるものでも、実は絶対ではないという認識をもたらしたことだと思います。言い換えると、絶対だと思われているものは、あくまで人々のやりとりの中で「絶対視」されているだけだということを見抜くヒントを与えてくれたのが社会構成主義です。

たとえば、教育の世界では、それまで絶対だと思われてきたさまざまな道具やツールのもつ意味が問われるようになってきました。ここでは「知能テスト」という教育ツールを例にとって考えてみましょう。

24／ブルーノ・ラトゥール（1999）『科学が作られているとき――人類学的考察』産業図書

知能テストは、一般には個人の能力を知能指数という数字に置き換えて表現するツールです。このテストを通じて知能指数が低いと見なされた子どもは「知的能力が低い」と判断されがちです。しかし、よく考えてみれば、知能指数とは、知能テストというスポットライトによって照らされた「人間の能力」のほんの一部分を数字で表現しているにすぎません。本質的には「知能指数が低いこと」は「知的能力が劣っていること」と必ずしもイコールではありません。

実際、知能指数が低くても、実践活動での高い問題解決能力や、日常生活での高いコミュニケーション能力を発揮する子どもがいることを、私たちは感覚的に知っています。つまり、本来、知能指数は「絶対的な賢さ」を表現しているわけではありません。しかし、学校という場や、教育関係に携わる人々は、知能指数とは知的能力を測る「絶対の基準」であるように思い込む傾向があります[25]。

それではなぜ、彼らはこのような思い込みをもつようになるのでしょうか。おそらく、社会構成主義者ならば、こう答えるでしょう。

知能テストや知能指数というツールが人々の話題にのぼり、それが評判を呼び、人口に膾《かい》炙《しゃ》する中で、「実践活動での問題解決能力」や「日常生活でのコミュニケーション能力」といったものよりも、知能指数で表現される能力のほうが、「信頼できるもの」であるとする意味づけが、人々によってなされてきた結果だからです。この「意味づけ」さえ疑われれば、知能指数だけをもって知的能力を判断することはなくなるかもしれません。

本来、知能指数はひとつの基準でしかないのにもかかわらず、知的能力すべてを測る手段として認識されるようになっていくのは、人々が、それを語り、意味づけていく行為、そのものに起因するのです。実際、社会構成主義的な認識が広まるにつれて、今日の教育学や教育現場では、知能指数を偏重せず、知能を多元的なもの（Multiple Intelligence）、さまざまな異なる能力から構成されるものとして理解しようとする動きが出てきました。

教育の世界に限らず、これと同じようなことは、私たちのふだんの生活の中でも起きています。「絶対的な真実」「ゆるぎない事実」と見なされてきたことでも、社会構成主義的な視点から相対化され始めてきています。

たとえば、ビジネスの現場では、「数字が一人歩きした」という言い方をよく耳にします。会議などで提出された数値データが、本来の意図からかけ離れ、まったく異なる文脈での使

25／ハワード・ガードナー（2003）『多元的知能の世界――MI理論の活用と可能性』日本文教出版

用や解釈が定着してしまうことですが、これはまさに「客観的事実」と「意味づけ」の問題を示しています。

数値データ自体は客観的なものですが、人々は客観的事実をそのまま理解するのではなく、何らかのかたちに意味づけてしまうのです。さらに、人々はその意味づけをあたかも客観的事実であるかのように受け取ってしまいます。だから、「数字の一人歩き」のようなことが起こるのです。これを社会構成主義的に表現するなら、「会議における数値データは、社会的な構成物である」ということになります。

さて、ここまでの話から、社会構成主義を理解するポイントは、次のように整理できます。

①日常生活において人々は、「客観的事実（知識・情報・データ等々）そのもの」ではなく、「客観的事実に対する意味づけ」を通じて、自分の生きている世界を理解したり、行動を方向づけたりしている。

②しかし、多くの人々は、「客観的事実（知識・情報・データ等々）そのもの」と「客観的事実に対する意味づけ」の違いを意識していないため、しばしば誤解や混乱が生じる。

③誤解や混乱を避けるには、人々が社会的関係の中での相互作用を通じて、物事（客観的

事実）を「意味づけ」ていくプロセスに注目すべきである。逆に言えば、人々が相互に理解を深めるのは、物事を意味づけていくコミュニケーション行為に由来するのだから、それを大切にしなければならない。

社会構成主義の立場では、このような点を意識することによって、人間の行動をより多面的に理解することが可能となると考えます。特に、本書のテーマである「ビジネス・コミュニケーションとしての対話」について考えるとき、③で挙げたポイントはきわめて重要です。なぜなら、ここから「人間は他者とのコミュニケーションの中で意味を構築しながら、世界を理解している」ことに気づくからです。

客観主義、主観主義……対話の位置づけ

ここまでの社会構成主義に関する考察から、単なる「情報の移動」ではない、相互に理解を深めていくコミュニケーション実現のポイントが、「意味」や「意味づけ」の共有にあることが明らかとなってきました。この「意味の共有」という言葉について、もう少しだけ深く考えてみましょう。

まず「意味の共有」について、私たちになじみ深い考え方のひとつに、「言葉は意味を内包しており、言葉を伝えればその中にある意味もすべて伝えられる」というものがあります。たとえば、「職場」という言葉自体の意味は「勤務先、仕事をする場」と国語辞典に載っています。だから、「職場」という言葉を伝えれば「勤務先、仕事をする場」という意味が伝わる。こうした考え方を「客観主義」と言います。「情報を伝えれば意味も伝わる」とする導管メタファーに近い考え方ですので、この考え方の問題点は既に説明した通りです。

もちろん、「職場」といっても、物理的な建物を指すのか、企業などの組織を指すのかは、「職場」という情報だけではわかりません。ですから、客観主義的な考え方では、そのような意味の違いを無視することになります。

一方、それとは正反対に、「意味というのは完全に個人の想像力でつくられるもので、意味は根本的には他人と理解し合えないものだ」という考え方もあります。これを学問の世界では「主観主義」と呼びます。

「職場」という言葉を聞いたときに思い浮かべるイメージは、個人個人で違ったものになるはずです。ある人にとっては、会社の建物、別のある人にとっては、組織の人間関係……。似たようなイメージをもつことはあっても、厳密に同じということはあり得ません。たしかにその通りです。客観主義よりも「意味」についての深い理解を提示しており、社会構成主義に近いと感じる方も多いことでしょう。

しかし、主観主義は「意味は根本的には他人と理解し合えないものだ」と主張し、意味を共有する可能性を探ろうとしていません。複数の人々が意味を相互に理解しつつ、協同的に物事を達成する可能性を否定してしまいます。

「意味の共有」を実現するためには、主観主義に陥ることなく、「意味づけ」のプロセスにアプローチすべきであり、かつ、それは可能である。この考え方が社会構成主義にはあるのです。そして、物事（客観的事実）が意味づけられていくコミュニケーションのプロセスを探るとき、意味を創造・共有していく効果的な方法として見えてくるもの、それが「対話」です。

つまり、「対話」とは、「客観的事実」と「意味づけ」の関係に焦点を当てる社会構成主義的な視点をもちつつ、相互理解を深めていくコミュニケーションの形態と考えられる、ということです。「人間同士の間にコミュニケーションが成立すること」は、ふだん考えているよりも、ずっとずっと難しい行為であることを私たちは認識したほうがよいでしょう。

ここまで、社会構成主義、客観主義、主観主義といった、ビジネス書にはあまりなじまないテーマについて説明してきましたが、「ビジネス・コミュニケーションとしての対話」の意味と意義について、十分にご理解いただけたと思います。これで「対話」という言葉から、ただの「おしゃべり」が連想されることもないでしょう。

さあ、それでは少し話題を変えて、「対話」とはどのようなものかについて考えてみましょう。

「対話」というコミュニケーション行為

対話とは、聞き手と話し手が行うコミュニケーション行為

そもそも「対話」とはいったい何なのでしょうか？　「対話」を厳密に定義することは難しいのですが、本書ではひとまず、

①共有可能なゆるやかなテーマのもとで
②聞き手と話し手で担われる
③創造的なコミュニケーション行為

というざっくりとした定義で、話を前に進めたいと思います。

ここまでさんざん小難しい話をしてきたのに、たったこれだけ？　と拍子抜けされる方も

いらっしゃるかもしれません。しかし、ここまでの前提がないまま、この定義を出してしまうと、その背後にある最も大切なものを見失ってしまいます。シンプルに見えるものほど、奥が深い。対話についても、この命題は真実であるようです。

では、以下、この定義について一緒に考えていきましょう。

まず、①のテーマについてです。対話には、とにもかくにも、まずテーマが必要です。その際のテーマはどのようなものが適切でしょうか。これは一概には言えませんが、人々にとって共有可能なテーマであること、別の言葉を使うならば、人々が日々の生活の中でコミットし得るテーマであることが重要であると考えます。

ある人にとっては重要なテーマでも、他のメンバーにとってはさっぱり、といったテーマのもとでは、気楽で真面目なコミュニケーションを続けることすら難しいでしょう。場合によっては、何をテーマとして対話するのか、という出発点から対話で導くアプローチもあります。いずれにしても、参加者にとって共有可能性やコミットの可能性が高くなるテーマを選定することが重要です。

さらに付け加えるのであれば、そのテーマは「緊急性や即時対応が求められるもの」ではなく、「日々の仕事にとって本質的に重要なもの」を選ぶとよいと思います。ビジネスマンは限られた時間とコストの中、緊急度の高い事柄への対処に日々忙殺されています。それゆえ、自分たちは正しい方向に進んでいるかといった、緊急ではないが重要な問題、本当に解決すべき問題を見失ってしまうことが、ままあります。こうした問題をあえてテーマに据え、腰を落ち着けることから始めるとよいかもしれません。

定義の②では、聞き手と話し手の最低二人の主体が必要ということを述べています。ギリシア語で対話は、「ディアロゴス」といいます。「ロゴス」とは言葉のことで、「ディア」とは「分かちもつ」ということです。対話とは「言葉を分かちもつ」ことであり、これが可能になるためには、最低二名以上の主体が必要になります。そもそも聞き手がいない状態は単なる独り言であり、その人の中にある考えが表出しない限り、コミュニケーションにはなり得ません。

とはいえ、聞き手がいるからといって、必ずしもコミュニケーションが成立するというわけでもありません。話し手が聞き手に対して一方的に話して「ああ、あなたに話を聞いてもらえてすっきりしたわ」となっているような状況は、やはり一方通行の「独り言＝モノローグ」であって「対話」とはいえません。

言葉を口に出すことは簡単です。誰かをつかまえて、言葉を投げかけることも簡単です。

しかし、「相手に言葉を投げかけること」は、けっして、「相手と自分とのあいだに対話が成立していること」を意味しません。言葉を投げかけていても、受け手には届いていない。届いているつもりでも、届いていない。こういうことは容易に予想がつくことです。それでは、対話を実現するために、私たちは何に留意するべきなのでしょうか。

それは、「聞くこと」だと思います。この重要性を強調しすぎてもしすぎることはないので、あえて「聴く」という字を使いましょう。対話の本質は「話すこと」ではなく、「聴くこと」からはじまるのです。

なぜなら、誰かが「話し手」として口火を切り、話を継続するためには、誰かが「聴き手」という役割を引き受ける必要があるからです。加えて、「聴き手」としての役割を引き受けていることを、話し手に意図的かつ非明示的に「呈示」する必要があるからです[26]。会話分析などで多くの社会科学者がこれまで明らかにしてきたように、「聴くこと」は積極的かつ意図的な行為なのです。

対して、一般に「聞くこと」は誰でもできる「受動的な行為」だと考えられています。耳を通して脳内に聴覚情報を受動的にインプットすることが「聞くこと」であるとするのならば、それは誰にでもできることかもしれません。しかし、それは彼が「聴き手」であることを意味しません。「聴き手になる」とは、相手の話にじっくりと耳を傾ける役割を担う「積極的、かつ、意図的な行為」なのです。

私たちはふだん「聞いている」かもしれません。しかし、本当に「聴いているか」というと、それは疑わしいのではないでしょうか。直近数日の人々との会話を思い起こしてみてください。あなたは、「聞いて」いましたか？　それとも「聴いて」いましたか？

もちろん、相手の話の腰を折ったりするなどの不作法は、さすがに多くの方々が避けるでしょう。しかし私たちは、人の話を聴くときに、「即時の自分の判断」をどの程度留保し、虚心にその人の話に耳を傾けることができるでしょうか。相手の話を聞いていて、答えを即断・即答したくなったとしても、そこは判断を留保し、「聴き取ること」をどの程度重視できるでしょうか。こういうと、私たちは「聴いているつもり」でも、実は「聴いていないこと」が多いことに気づかされます。

いずれにしても、対話においては、話し手と聞き手が、いったん自分の考えや意見を留保

26／アーヴィン・ゴフマンによる相互行為研究が参考になります。
Goffman, E.（1961）*Encounters :Two Studies in the Sociology of Interaction* –Fun in Games & Role Distance. Bobbs-Merrill
Goffman, E.（1981）*Forms of talk*. University of Pennsylvania Press

し、お互いの言っていることを「聴き取り」、やりとりを続けることが重要です。

　一方、自分の意見を述べるときには、なるべく「私は〜思う」「私は〜したい」「私は〜の経験をした」という一人称の語りを重視するとよいでしょう。私たちは多くの場合、大きな問題を議論する段になると、主語を「私」から「我々は」「一般的には」「業界的には」などにすり替えがちです。つまり、「私は」という一人称のスタイルで語らなくなるのです。「そもそもこの商品の存在意義は何だ？」と聞かれると、「世の中の流れとしてはこうだ」「過去の経緯を踏まえるとこうだ」「社の方針としてはこうだ」といった評論家的な議論になります。これは「対話」とはいえません。

「私」を前面に出した一人称的発話のやりとりの中で、物事今まで気づかなかった新たな意味が生み出され、物事の理解が深まったり、新たな視点や気づきが生まれたりする。このような状態を「対話」（ダイアローグ）と呼ぶのです（**図2-1**）。

図2-1　対話（ダイアローグ）のイメージ

ついでにいうと、「対話」にはもう一点注意しなければならないことがあります。第1章でも触れましたが、コミュニケーションの内容がロジカルなものだけに偏重しないように気をつける、ということです。ジェロム・ブルーナーは、人間が本質的に物事を理解するためには、論理・実証モードとストーリーモードという二つのモードが駆動することが重要である、という理論を提出しました。

既述したように、ビジネス・コミュニケーションは、論理実証モード、いわゆるロジカルなものに偏重する嫌いがあります。ですので、コミュニケーションを行う中で、ストーリーモードが駆動するような内容を、必要に応じて差し込むことを意識するとよいかもしれません。より具体的には、自分の経験を物語ること、自分の見たもの、感じたことをエピソードとして語ることなどです。

筆者らは時折、自らがファシリテーターとなって、ビジネスパーソンの方々を対象にダイアローグを実施する機会をもちます。毎回、内容は異なりますから、話の展開を一概に述べることはできません。とはいえ、ビジネスパーソンはどちらかといえば、「ストーリーモードでコミュニケーションを行うこと」が苦手らしいことに、次第に気づくようになりました。

たとえば、「自分が経験した内容を自慢にならないかたちで物語ること」「自分の見たもの、聞いたものをエピソディックに語ること」、さらには「他者が語ったエピソードを解釈して、自分なりのコメントやエピソードを続けていくこと」の不得手な方が非常に多いのです。「僕にはストーリーやエピソードなんてありません」とためらったり、他の人のストーリーを聞いていても、見当違いの反応をしてみたり……。おそらく、通常のビジネス・コミュニケーションがロジカルなものに偏重しているがゆえに、ストーリーモードにはまったく慣れていないのだと推察されます。

さて、ここまでで対話の特徴については、おぼろげながらご理解いただけたでしょうか。今後は、さらに、その輪郭を明瞭にするために、「対話」が日常会話や議論とどのように違っているのかについて考えてみましょう。

「雑談」とは、どう違うのか

「対話」と「雑談」の一番の違いは、既述したように、「対話」にはテーマがあるということです。それが、お互いが思いつくままに語り合う雑談と異なるところです。

繰り返しになりますが、「対話」を通じて、何かのテーマについてお互いの考えを表出し合い、新たな意味や解釈を生み出し、物事を理解していくことが重要です。そのためには、「今日は、○○について語り合おう」という意識をしっかりともつことがポイントとなります。

また、「対話」と聞くと、ゆったりのんびり「そうだよね」といったリラックスした雰囲気を想像する方が多いかもしれません。しかし、雰囲気が「自由なムード／緊迫したムード」であるということと、話の中身が「真剣な話し合い／たわむれのおしゃべり」だということを混同してはいけません。おそらく

「雑談」＝〈雰囲気：自由なムード〉の中での、〈話の中身：たわむれのおしゃべり〉

になるのに対して、

「対話」＝〈雰囲気：自由なムード〉の中での、〈話の中身：真剣な話し合い〉

であり、けっして「たわむれのおしゃべり」ではありません。

この意味で、「対話」は「議論」との共通点をもっています。ただし、「議論」では、ケン

カ腰で相手を打ち負かそうというような敵対的なムードになることも少なくありません。このような場合、

「議論」＝〈雰囲気：緊迫したムード〉の中での、〈話の中身：真剣な話し合い〉

ということになります。

したがって、「対話」と「議論」は〈話の中身：真剣な話し合い〉という点については共通しているものの、雰囲気については異なっています。

「対話」とは、〈話の中身：真剣な話し合い〉であっても、〈雰囲気：自由なムード〉でなければなりません。つまり、真面目なテーマについての話し合いを真剣に楽しむ、「シリアス・ファン」（Serious Fun）というスタンスです。

シリアス・ファンとは簡単に言えば、「真面目に物事を楽しむこと」です。これは、真剣にスポーツをやったときに味わう楽しみと似ています。たとえば、試合中、けっしてあきらめず必死にボールを追うサッカー少年。はたから見ていると苦しそうにも見えますが、試合の最中に「楽しめばいいや」と必死にボールを追うのをやめてしまえば、真剣にサッカーを

することで得られる達成感を味わうことができません。その楽しさは、「たわむれのサッカー」から得られる楽しさとは質の違うものです。そして、「真面目に取り組む楽しさ」、つまり、シリアス・ファンを体感することで、サッカー少年の技術は上達するそうです[27]。

一方、「試合に勝ちたい」「いい選手になりたい」というシリアスな意識が強すぎ、「サッカーを楽しむ」というファン（楽しみ）の部分が抜け落ちてしまうと、それはそれで、サッカー少年の技術はなかなか上達しないようです。ミスを恐れて、積極的な動きや創造的なアイディアがなくなってしまうからです。

おそらく、このような状態に陥るのは、サッカー少年の場合に限らないはずです。シリアスな意識が強すぎ、ファン（楽しみ）の部分が抜け落ちてしまったビジネスパーソンの仕事ぶりは容易に想像できるでしょう。ミスを恐れ、積極的な動きや創造的なアイディアがなくなってしまうのは、ビジネスパーソンとて同じこと。そして同時に、「真剣に頑張るけれど楽しむ」という、シリアス・ファンを実行することの意義も、ビジネスとスポーツの間に違いはないはずです。

27／サッカーの技術指導に関するここでの話は、産業能率大学サッカー部監督・坂下博之氏との会話の中で聞いたものです。

大人であれば、居酒屋で焼き鳥をつつきながらのコミュニケーションの方が、シリアス・ファン状態で対話ができる気がする、という方もいるかもしれません。たしかに、「会社の将来について」「仕事と人生について」といった深いテーマはシラフで語り合うにはやや照れくさくもあり、〈雰囲気：自由なムード〉という点については、飲みながらの方がいいのかもしれません。

しかし、〈話の中身：真剣な話し合い〉という点についてはどうでしょう。飲み会の場で、本当に他人の話を真剣に聞いているでしょうか。そして、語られているテーマについての理解が深まっているでしょうか。翌日には、意気投合した、激しくやりあった、といった印象だけが残っていて、話の内容についてきちんと覚えていないことがほとんどではないでしょうか。

たいていの飲み会は、「対話」を目的にしているわけではなく、時間と場を共有することで親睦を深める場となっています。雑談の中に、たまたま対話的な要素が入り込むことはあるとしても、効果的な対話の場であるとはいえないのではないでしょうか。

「議論」とは、どう違うのか

では次に、「対話」と「議論」を比較してみましょう。先ほど申し上げた通り、雰囲気という点において、議論は〈雰囲気：緊迫したムード〉となることが多く、シリアス・ファンというスタンスの「対話」とは異なっています。

一方、〈話の中身：真剣な話し合い〉という点において、両者は共通していると見なすことができます。ただし、どちらも「真剣な話し合い」ではありますが、話し合いの狙いや進め方について、「対話」と「議論」は違った側面をもっています。

ここで、「議論」について改めて考えてみましょう。たとえば、会議での「議論」を想像してください。皆さんが、「今日は、いい議論だった」と思えるのは、どのような会議でしょうか。おそらく、テキパキと物事を決めることができたときではないでしょうか。反対にダラダラと時間だけが過ぎていき、最終的に何も決まらなかったとき、「今日の議論は全然ダメだったなあ」と感じることでしょう。

ここからわかってくるのは、「議論」とは最終的に何かについて意思決定する場だということです。事実、「議論の進め方」といったタイトルの本を見てみると、さまざまな目的の議論が想定されているものの、「いい議論」を実現するための共通したポイントとして、しばしば次のような二点が挙げられています。

①最終的に何を決めるのかというゴールを明確にすること。
②そのゴールに到達するために必要な資料等の「情報」をしっかりと事前準備すること。

つまり、「いくつか選択肢があったうちのどれが正しいか、論を戦わせ、どちらかを捨てて、どちらかをとる」ということが「議論」の典型的なかたちであり、それを効率化したものが「いい議論」ということです。会社の会議では、いくつかの案の中からどれでいくのかを、議題にそって決めていきます。

もちろん、結論の出し方については、取引や交渉といったかたちで妥協点を見出すこともありますが、そのすべてに共通しているのは、「選択肢を事前に用意し、その中から意思決定する」というプロセスです。

「対話」というのは、それとはまったく異なるプロセスです。勝ち負けを決めるディベートでもなければ、互いに最大の利益を追求するための取引でもない。むしろ、前提となっている選択肢の可能性をもう一度探るとか、評価の基準そのものを再吟味するといった方向に話し合いを進めていきます。結論を出したり、意思決定を下したりすることが目的ではないので、「対話」が「議論」に置き換え可能というわけではなく、両者は補完関係にあります。

とはいえ現実には、対話のプロセスは暗黙の了解、あるいは時間の無駄として省かれることがほとんどです。会社の会議などを見ても、「わが社にとって何が重要なのかぐらい、みんなわかっている、共有できている」という前提があるせいか、対話抜きで一足飛びに議論からはじまります。

しかし、コミュニケーションを「情報の移動」と理解している限りにおいては、共有できているのは「情報」だけ。相手の考えている価値前提や行動の背後にある世界観を共有していなければ、たとえ妥協点が見つかったとしても、全員が思いをひとつにして行動することはできません。合意すれども、船は動かず。結局、いいチームワーク、いい組織行動につながらないのです。

ただしこのとき、「対話」は「議論」の前段階に行うものと捉え、「対話から議論」へというリニア（直線的）なプロセスをイメージするのは間違いです。メンバー相互の理解は、絶えず、少しずつ深まっていくもので、ある時点で「完了」するようなものではありません。

したがって、たとえ「議論」を行っている最中であっても、話し合いが行き詰まってきたときには、適宜「対話」に切り替え、お互いの価値前提の確認や、問題設定や選択肢の再吟味を行うことが大切です。そして、**図2‐2**にあるように、話し合いのプロセスの中で「対話」モードと「議論」モードを適切に使い分けながら、徐々に合意に達していくべきでしょう。

■議論の限界と対話の可能性――パブリック・カンバセーション・プロジェクト

ちなみに現実には、まとまった結論を

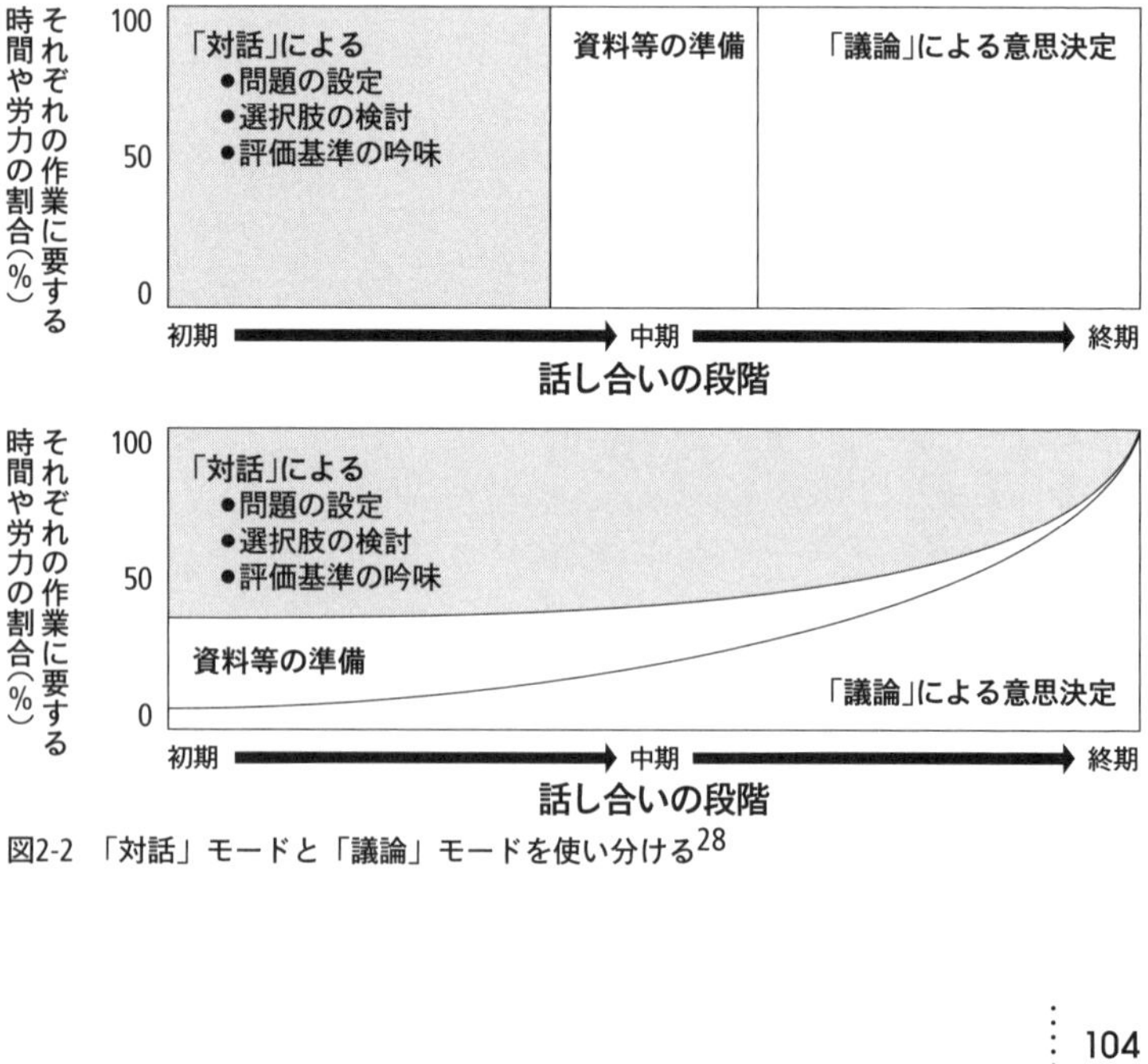

図2-2 「対話」モードと「議論」モードを使い分ける[28]

出すことを目的とした議論で、意見が真っ二つに分かれ、話せば話すほど平行線をたどってしまう事態がよくあります。国際紛争など、複数の利害がからみ合う微妙かつ複雑な問題においては、議論を重ねれば重ねるほど、かえって対立を深めてしまう危険さえあります。このような場合、お互いの立場を理解しながら問題解決の糸口を探る「対話」が、状況の改善に役立つことがあります。

その有名な例が「パブリック・カンバセーション・プロジェクト」です。一九八九年にマサチューセッツ州で実験的な試みとして行われたもので、お互いの意見がくい違い、平行線をたどる「膠着《こうちゃく》した議論」について「対話」というアプローチを試みるというものです。以下、ケネス・ガーゲン著『あなたへの社会構成主義』から引用しつつ、ご紹介します[29]。

「パブリック・カンバセーション・プロジェクト」では、妊娠中絶の賛成反対、真逆の立場に立つ政治家や活動家たちを一カ所に集め、話し合いをさせました。アメリカで中絶問題は宗教や思想信条とからむ国民の大きな関心事であり、選挙の争点ともなっているほどです。

28／この二つの図は、次の文献にある図をもとに作成しました。
佐藤郁哉（2002）『フィールドワークの技法：問いを育てる、仮説をきたえる』新曜社
29／ケネス・ガーゲン（2004）『あなたへの社会構成主義』ナカニシヤ出版

両陣営の議論はすぐに平行線をたどります。一方が、科学的根拠や統計をもち出して「中絶は必要だ」と言うと、もう一方は、それとは反対の主張を示唆する科学的根拠や統計データをもち出す。さらには「それは道徳的にどうか」「宗教上問題だ」などと一歩も譲らない。

この対立の最大の原因は、両者が道徳観のまったく異なるバックグラウンドを持ち、まったく異なる現実を見ているため、お互いの立ち位置を理解できないところにあります。また、人種、宗教、政治等の問題が密接にからんでいるがゆえに、激しい憎しみや怒りを引き起こす危険性もある、非常にセンシティブな問題でもあります。

このプロジェクトでは、二つの陣営に話し合いをさせました。ただし、単に話をさせるだけでは、中絶問題をもち出した瞬間に収拾がつかなくなってしまいます。そこでまず、その人たちを小さなグループに分けました。会合は、ビュッフェ形式のディナーではじまります。その際、参加者たちは中絶問題「以外」のことを語るよう求められます。たとえば、自分の人生や生活について話し合うのです。

ディナーが終わると、今度は、中絶反対、中絶賛成という立場の代表としてではなく、個人として自分の経験や考え方を語り、また、他の人が語った経験に対してコメントをするよう求められます。具体的には、以下のような質問が交わされます。

①なぜ中絶の問題にかかわるようになったんですか。この問題とあなた自身との関係や、その経緯について聞かせてください。

②中絶の問題に対するあなた自身の信念や展望について、もう少し聞かせてください。また、あなたにとって、最も重要なのはいったいどんなことですか。

③この問題についての自分たちのアプローチに、あなた自身、半信半疑な部分、今ひとつ確信がもてない点、心配事、価値に対する矛盾、誰かに理解してもらいたい複雑な気持ちなどはありますか？

主語はあくまで「私は」であり、「我々は」ではない。あなた自身の個人的経験を語ってください、というわけです。また、自分が疑問に感じていることについて率直に語り合うと、反対の立場にいる人々も確信をもっているわけではない、ということがわかってくるのです。

この質問の後、お互いに質問をし、話し合う機会を与えられるのですが、その際も「難癖をつける」のではなく、「個人的な経験や信念について知りたいから質問する」という姿勢で質問することが求められました。

このプロジェクトの後、参加者全員に調査を行ったところ、中絶問題に対する賛成、反対といった立場こそ変わらなかったものの、お互いの立場やその背景を理解できるようになり、今まで完全に敵と見なされていたものを、敵ではなく隣人として受け入れられるようになる、という結果が出ました。しかも、二週間後に行った追跡調査でも、その効果は持続していたということです。

この事例で注目すべきは「あなたの経験を語ってください」というところです。経験ですから、語ったことに対して間違いだとは言えないわけで、これは「対話」を引き出すためによくつくられた仕掛けだと思います。

お互いの立場について「正しいのはこちらだ！」という主張を繰り返すだけでは、議論は平行線をたどり、問題に対しての理解を深めることはできません。相互に自身の経験を語り合う「対話」をすることで、立場を変えることはなくとも、相手に一定の理解を示すことができるようになり、この問題についてより深く理解することができたのです。

「対話」が生み出す理解の相乗効果

他者に語ることで、自分自身が見えてくる

さて、これまで述べてきたように、人は「対話」をすることで、物事を「意味づけ」ています。そして、「意味づけ」のプロセスを共有していくことで、相互理解を深めることができます。つまり、相手の「意味づけ」の背後にある価値観や世界観、相手が置かれた文脈を共有していくことで、相手のことが本当に理解できるということです。

ただし、「対話」によって理解が深まるのは、他者のことだけではありません。他者を理解すると同時に、自分自身についての理解を深めることができるのです。「対話」の効果とは何かを考えるとき、これはとても大切なことですが、「対話」の中で自己の理解を語り、他者の理解と対比することで、自分自身の考え方や立場を振り返ることができます。つまり、「対話」は、自己内省の機会ともなるのです。

たとえば、就職活動を控えた学生たちが、「自分らしさを見つけなくては」と自己分析に励んでいますが、そもそも「自分らしさ」とは、「自分は他者とどのように違っているか」ということです。だから、自分と他者の違いは、他者と関わり、他者と対比する中からしか見えてこないのです。「私はおっとりしている」という自己イメージは、自分自身を見つめるだけでできあがってくるものではありません。家族や友人との関係の中で、他者との違いを思い描いたり、周りから指摘されたりすることで、気づいていきます。

このことを社会心理学的な視点から指摘したのが、ジョージ・ハーバート・ミードです。ミードによれば、自分とは「本質的に社会的構造であり、社会的経験の中から生じる」存在と理解することができます[30]。もし、世の中に自分ひとりしか存在しないなら、そもそも「自分らしさ」なんて意識する必要がありません。自分以外の他者がいるから、「他者の目」には自分がどう映っているのかを考え始めるのです。つまり、「自分らしさに気づく」とは、他者の目に映る自己のイメージ――自己に関する首尾一貫した物語――を自分自身でつくり上げていくということです[31]。人は「自分のイメージ」「自分の物語」を自分だけでつくることができるわけではありません。他者への語りかけ、他者のまなざし、他者の言葉を通して「自分の物語」をつくり、ときには編み直すのが人間なのです。

「例の案件について、私はこう思う」「今回の君の意見には納得できない」……、こういった発言を通じて、私たちは自分自身をプレゼンテーションしています。そして、それらの一つひとつを重ね合わせ、他者と比較することで、「こんな場合、あの人は反対の態度をとることが多いけど、私はむしろ賛成することが多いなあ」というようなことに改めて気づきます。

このような気づきを積み重ねていくことが、「自己像を紡ぎ出す」＝「自己理解を深める」ということです。だから、自己理解を深めるには、ひとりきりであれこれと思い巡らすだけでなく、「対話」を通じて、自分の考え方や価値観を他者に語ることが効果的なのです。

30／ジョージ・ハーバート・ミード（1995）『精神・自我・社会』人間の科学社

31／近年の人文社会科学の研究では、「自己」を「物語」として捉える研究が盛んです。溝上慎一（2008）『自己形成の心理学——他者の森をかけ抜けて自己になる』世界思想社
自己に葛藤や緊張が生じた場合、「物語」のリストーリーを通じて治療することをめざすナラティブセラピーというカウンセリング手法も注目されています。
野口裕二（2002）『物語としてのケア——ナラティヴ・アプローチの世界へ』医学書院
また、経営学においても、「自己という物語」とキャリア構築の関係を探求する研究が生まれています。
加藤一郎（2004）『語りとしてのキャリア』白桃書房

自由なムードを保ちながら、互いの違いを理解する

このように、人々は「対話」を通じて、他者を理解すると同時に、自己理解を深めていきます。つまり、「他者を理解することで、自己理解が深まる」ことと、「自己を理解することで、他者理解が深まる」ことの相乗効果が発揮されるということです。

ただし、ここで注意したいのは、「対話」によって理解を深めるには、考え方や価値観の不一致を隠すことなく、お互いに自分の思っていることを、「私」の立ち位置から表出することが不可欠ということです。

一般的に「対話」という言葉には、平和的で協調的なイメージが、どことなくついてまわります。たとえば、あなたが「A社とB社は、対話のテーブルについた」というニュースを聞いた場合、意見の相違からは目をそらし、お互いに歩み寄っていく姿を想像してしまうのではないでしょうか。このように、「対話」とはお互いの共通点を確認し合うことであり、両者の意見が予定調和的にひとつの方向に収斂していくものだ、と考えている人も少なくないはずです。

しかし、実際の「対話」には、意見の不一致、コンフリクトが付き物です。お互いの違いがわかることで相互理解が深化し、けっしてひとりでは達成できない理解に到達するのです。

このことは、人間の学習や賢さを研究する分野、学習科学の研究においても裏打ちされています。学習科学の領域では、複数の人々が話し合うことを通して「意見の不一致」や「理解の差」に気づきつつ、お互いの理解を深化させていくプロセスを「協調学習（Collaborative Learning)」と呼びます。

協調学習研究の知見によると、一般に複数の人々がコミュニケーションをとりながら問題解決を行うような場面では、

①人々は、まずそれぞれの視点から、独自の理解をもっている。
②自己の理解を他者に対して説明するコミュニケーションが生まれる中で、コメント役、説明役といったような役割が自然と生まれる。
③役割を担いつつコミュニケーションをすることによって、相手が異なった理解をしていることに気づく。
④学習者間の理解の不一致は、相互の理解をより高次なものに引き上げる。

というプロセスで学習効果が得られるとされています[32]。

複数の人々がコミュニケーションをしながら課題を解決しているような状況とは、まさに「対話」的な状況です。「対話」によって物事の理解が深まるのは、「対話」のプロセス自体が、「協調学習」のプロセスにほかならないからだといえます。

ただし、「対話」というものが、意見の不一致をさらけ出すような話し合いだからといって、敵対的なムードになることだけは避けなければなりません。組織学習研究が明らかにしているように、オープンなコミュニケーションが可能になり、そこからお互いが学び合うためには、何を言ってもこの場では自分の身は脅かされない、という心理的安全が確保されることが重要です。あくまでも自由なムードを保ちつつ、お互いの差異を確認し合うような、成熟した文化が求められていることは、しっかりと意識したいところです。

ここまでの話から、「対話」とはどういうものかのイメージが徐々にはっきりしてきたと思います。「対話」を通して、個人は他者をより深く理解できると同時に、自己理解も深めることができます。そして、この「他者理解と自己理解の相乗効果」の起点となるのは「お互いの差異を認識し、それを理解につなげる」ということです。

では、このような効果は、組織内のどのような場面で活用することができるのでしょうか。第3章では、組織にとっての「対話」の意義について考えてみましょう。

32／Miyake, N.（1986）Constructive interaction and the iterative process of understanding. *Cognitive Science* Vol.10
Shirouzu,H., Miyake N. and Masukawa, H.（2002）Cognitively active externalization for situated reflection. *Cognitive Science*. Vol.26

第3章
「対話」が組織にもたらすもの
その効果と限界

組織における対話の意義

第2章において、私たちは対話を、①共有可能なゆるやかなテーマのもとで、②聞き手と話し手で担われる、③創造的なコミュニケーション行為である、と考えました。そして、「私の経験」や「私の思い」を語り合うことを通じて、自己理解や他者理解が深まっていくことが明らかになったのではないでしょうか。

本章では話をさらに一歩進めて、対話が組織に対して何をもたらすのかについて、また、組織において、対話をどのように活用できるのかについて考えてみましょう。「組織における対話の意義」については、①協調的な問題解決が可能になる、②知識の共有が進む、③組織の変革につながる、の三点が考えられます。

以下、順に考えてみたいと思います。

協調的な問題解決が可能になる

多様性に摩擦は付き物

今日のビジネス現場では、縦割りの組織がもたらす弊害を回避するため、「組織横断的な問題解決」に多くの企業が取り組んでいます。有名なゼネラル・エレクトリック（GE）の「ワークアウト」をはじめ、組織横断的なプロジェクト・チームによる協調的な問題解決アプローチの有効性に注目が集まっています[33]。

異なる専門性をもった人々、異なる経験をもった人を集めてチームを結成する。あえて、多様性のあふれる場をつくり出すのです。創造やイノベーションにつながることをめざす、多様性あふれる場の存在のことを、経営学者の野中郁次郎氏は「創造的カオス」、ドローシ

33／デーブ・ウルリヒ、スティーブ・カー、ロン・アシュケナス（2003）『GE式ワークアウト』日経BP社

ー・バートンは「創造的摩擦」と呼んでいます[34]。

このように、多様な視点から問題解決を行っていくことは、複雑で、変化の激しい今日のビジネス環境に対応するための強力な手段となると考えられています。

しかし、いわゆる「創造的カオス」は、多様であるがゆえに緊張と葛藤がつきまといます。危機感、価値観や感情にかかわる人間的対立、資源配分をめぐる緊張……現実には、組織横断的に多様な視点を取り込んでいるがゆえに、意見が分かれ、話し合いが平行線をたどるということも、しばしば起こります。

「組織横断的な問題解決」は大きな効果を発揮する可能性をもっている一方で、それを実現するのが難しいことも、これまた事実です。

このような状況を回避し、協調的問題解決アプローチの効果をうまく引き出すには、「対話」が大きな役割を担うことになります。というのも、「解決すべき問題」を適切に設定するには、状況を多面的に理解し、参加メンバーが意味づけを共有していくことが必要だからです。そのためには、「議論」ではなく、「対話」が求められることになります。

以下では、第2章で説明した「議論」と「対話」の違いに注目しながら、協調的な問題解決における「対話」の意義について考えていきましょう。

■「議論」で協調的な問題解決は可能か？

プロジェクト・チームに限らず、多様な視点をもつメンバーが集まるということは、それぞれの立場からの意見が提示されるため、協調的な行動をとることがかえって難しくなるものです。特に、話し合いのモードが、「いくつかの選択肢について、論を戦わせ、どれが正しいかを決める」という「議論型」になってしまうと、協調的な問題解決への展望が見えてくることは、ほとんどないといえます。

たとえば、次のような会議は、誰もが経験したことがあるのではないでしょうか。

システム運用サービス会社のY社長は、このところの業績悪化に頭を悩ませていた。そこで、各部門の担当取締役を集めて会議を行った。

Y社長が経営陣に問いかける。

34／野中郁次郎、竹内弘高（1996）『知識創造企業』東洋経済新報社
Barton, D.（1995）*Wellsprings of Knowledge: Building and Sustaining the Sources of Innovation*. Harvard Business School Press

「ここのところ、業績は悪化する一方だ。そもそもわが社の何が問題なのだろうか」

営業部門のA役員が口火を切った。

「当社はITのシステム運用を主たる事業にしてきましたが、このビジネスは既に行き詰まっています。先日もC社の受注をあるインドの会社にもっていかれました。この手のサービスを安く提供する競合は増える一方ですから、今まで通りのサービス展開では営業がどんなに頑張っても利益は見込めません。もっと競争力のある新サービスの開発が必要だと思うのですが」

システム開発部門のB役員が答えた。

「インドは人件費が日本と比べものにならないほど安いですから、同じ土俵で戦うこと自体、無茶ですよ。とはいえ開発部門としては、お客様からの細かなカスタマイズにも精一杯応えているつもりです。新サービスが必要と言うなら、まずはマーケティング部門で、どんなニーズがあるのかをしっかりと調査していただかないと」

そこに、マーケティング部門のC役員が口をはさんだ。

「先日の報道では、インドのITもだんだん高コストになってきているというし。そもそもITのシステム運用はわが社の基幹事業だから、やめるわけにはいかない。考えるべきは、新サービスやコストの問題ではないのでは？　先日、お得意先のC社の部長さんを訪問したら、『おたくの営業は最近全然姿を見せないね』と言われたよ」

システム運用部門のD役員も続けた。

「そう言えばこのところ、コールセンターでも、『おたくの営業さんから聞いた話と違う』って激怒して電話をかけてくる人が増えているみたいなんですよね……」

営業部門のA取締役は声を荒げた。

「待ってくれ。そんな話は初耳だ！　そんな大事なこと、何で黙ってたんだ？」……

経営陣のやりとりを聞いていたY社長は、最後に一言つぶやいた。

「誰が悪いか、は聞いていない。私たちの問題は何で、今から何をすべきか、なんだ」


この話し合いを第三者的に見ている私たちの目には、どの取締役も全社的な視点を欠いていて、自分の立場に固執し、業績悪化の責任を他部門に押しつけ合っているように見えます。思わずこの取締役たちに、「そもそも業績悪化の何が問題なのか、会社全体にとっての利益とは何か、といった根源について話し合い、問題に対する共通認識をもつべきではないでしょうか」などと指摘したくなりませんか。

しかし、当の本人たちは、そのようなことにまったく気づいていないのでしょうか。おそらく、そんなことはないはずです。取締役たちに聞いてみれば、「そんなことはわかっている。だが、私の主張したことこそが問題の根源だ。それを理解しない他の取締役が間違っている」と答えるに違いありません。

では いったい、この会議のコミュニケーションのどこに問題があったのでしょうか。

それは、この会議が「いくつかの選択肢について、論を戦わせ、どれが正しいかを決める」という「議論型」のモードで進められたことにあります。

この会議では「業績を悪化させた原因は、わが社のどこにあるのか」が話し合われています。さらに踏み込んだ言い方をすれば、この会議で話題になっていたことは「わが社のどこに原因があるのか＝どの取締役の管理が悪いのか」ということになるでしょう。

このテーマに対して、各取締役は、それぞれの立場から「価格競争力が低下した」「顧客ニーズを把握していない」「顧客が営業の対応に不満をもっている」という見解を示しました。そして、どの見解が「正しい」のか、誰が「諸悪の根源」なのかについて論を戦わせています。

つまり、「業績を悪化させた原因は自社のどこかにある」という問題設定と、①価格競争力、

②顧客ニーズの把握、③営業の顧客対応、という三つの選択肢を所与として、その中から一つの正解を探すという「議論型」の話し合いが行われたということです。

さて、ここでいくつかの疑問が湧いてきます。

まず、設定された問題は、この会社をめぐる現在の状況にふさわしいものだったのでしょうか。「自社の問題点を探る」ことのほかに、「市場環境がどのように変化しているか」について検討することも重要だとはいえないでしょうか。

また、三つの選択肢（見解）の中から、必ずどれか一つを選ばなければならないのでしょうか。「価格競争力が低下した」「顧客ニーズを把握していない」「顧客が営業の対応に不満をもっている」という見解のすべてが正しい、という結論ではいけないのでしょうか。

さらに、この三つ以外の見解はあり得ないのでしょうか。たとえば、部門間のコミュニケーション不足ということも問題点かもしれません。

残念ながら、「いくつかの選択肢について、論を戦わせ、どれが正しいかを決める」という「議論型」の話し合いでは、「設定された問題が本当に適切なのか」や「他に選択肢の可能性はないのか」といったことが検討されることはありません。さらに、「唯一の正解」を選択しようとしているため、選択肢の優劣をつけることや、誰かの管理責任を問うことばかりを意識した話し合いとなります。その結果、協調的な問題解決は暗礁に乗り上げてしまうのです。

「問題解決」から「問題設定」へ

以上の話を踏まえると、「議論型」の話し合いを通じての協調的な問題解決には、問題解決に着手する前に、いかに適切な問題を設定できるか、さらにはいかに適切な選択肢を設定できるかどうかにかかっているといえるでしょう。

しかし、現実のビジネスでは、不適切な問題設定と選択肢に基づいているために、問題が解決しないことがしばしばあります。それは、「解決」という言葉のイメージにとらわれて、「設定」の重要性を見落としているからです。私たちは、「問題解決」という言葉を聞くとき、ともすれば「いかに問題に対処するか」という解決プロセスだけに目がいきがちです。しかし実際には、問題解決の冒頭に行われる、「問題の定式化＝何が問題かを合意のうえで設定すること」がきわめて重要なことが多いものです。

経営学者の妹尾堅一郎氏は、問題解決の背後に潜むこのようなワナに陥りがちな人には、次のような三点の「思い込み」があると指摘し、その思い込みを「問題解決症候群」と呼んでいます[35]。

①「問題は与えられるものである」と思い込んでいる。
②「与えられた問題には必ず唯一の正解がある」と思い込んでいる。
③「何が〈正解〉かは誰かが知っているし、場合によっては教えてくれる」と思い込んでいる。

問題解決症候群にかかっているメンバーが協調的問題解決を行おうとすると、与えられた問題を所与とし、「そもそも、設定された問題や選択肢は適切なのか」という検討がされることはありません。

さらに、多様な視点が存在するだけにかえって「唯一の正解」についての合意が得られず、混迷の度合いが増すことになってしまいます。

このような状況から抜け出すためには、「議論型」のモードを捨て、前提となっている問

35／妹尾堅一郎『ソフト思考のアプローチ』（CD-ROM）レビックグローバル

題設定や選択肢そのものを再吟味する方向に話し合いを導く「対話型」のモードに切り替えることが効果的です。

既に説明した通り、「対話」は、既存の選択肢の中に共通点を見つけ出そうとするのではなく、それぞれの差異をしっかりと認識することで、まだ気づいていない新しい選択肢を探し出そうとするものです。

さらに、お互いの立場や意見の違いを理解し合うことで、状況の多様な「意味づけ」が見え始め、新たな問題設定への展望も開けてきます。

つまり、協調的問題解決に取り組むために集まったさまざまな立場のメンバーがもつ多様な視点をうまく活かすには、「議論型」よりも「対話型」のモードがふさわしいということです。

「議論型」の話し合いにおいて、メンバー間の意見や立場の違いは、「唯一の正解」についての合意を妨げる大きな要因となり得ます。一方、「対話型」の話し合いにおいては、メンバー間の意見や立場の違いは、問題とされている状況を画一的な基準から評価することの問題点を明らかにし、多面的な方向から状況を「意味づける」ことを可能にします。

これこそが、多様な視点からアプローチすることの効果であり、協調的問題解決アプローチが本来めざしていたもののはずです。しかし多くの場合、「議論型」と「対話型」の話し合いの違いがしっかりと認識されていないために、せっかく多様なメンバーを集めても、混迷の度合いが増すだけで終わってしまうことが少なくありません。

そのような状況に陥ることを回避し、コラボレーションを成功に導くためには、多様なメンバーが集まることのメリットが「議論を通じて、与えられた問題の唯一の正解を共同で選択する」ことではなく、「対話を通じて、その状況にふさわしい問題設定を共同で意味づける」ことにある点を、しっかりと理解すべきだといえるでしょう。

「突貫工事のエキスパート」の悲劇

これまでの話から、協調的な問題解決を進めるには、実は「どのように問題を設定するか」がカギとなることがおわかりいただけたと思います。問題解決の技法・手法は大切ですが、そもそも何をめざしているのか、その方向性を見失い問題設定を誤ることのないよう注意が必要です。

実際、組織学習研究に大きな影響を与えたドナルド・ショーンは、問題解決のエキスパートたちの真髄が、「状況を瞬時に読み解き、適切に問題を設定する即興的な対応力」にあることを明らかにし、このような振る舞いを特長とするプロフェッショナルな実務家を「省察的実践者」(Reflective Practitioners) と名づけました[36]。

ショーンが特に強調するのは、直面する状況において何が問題なのかを意味づけていくプロセスの重要性です。不確実で、不安定で、矛盾に満ちた状況では、「問題が何か」ということ自体が混沌としています。

ビギナーは問題を適切に意味づけることができません。だから、問題が解決しないのです。一方、エキスパートは刻一刻と変わる現場の状況を瞬時に把握し、問題を適切に設定することができます。つまり、解決すべき問題の即興的な意味づけに秀でているのが、問題解決のエキスパートというわけです。

ショーンの省察的実践者という概念は、それまで行われていた「問題解決」研究の常識に挑戦するものでした。なぜなら、それまでの研究では、エキスパートとは「一般化された原理や原則」を、現場に対して、効率的に当てはめることができる人物として描かれていたからです。ショーンは、こうしたエキスパートのことを、「技術的実践者」と呼び、省察的実践者とは区別して論じました。

ショーンの省察的実践者の概念は、組織学習研究のみならず、教師教育、プロフェッショナル教育、医学教育などの世界に大きなインパクトを与えました。これらの世界では、それまで「プロフェッショナル＝知識とスキルを保持して、現場に適応する人物」として捉えられており、ショーンのコンセプトは、これに再考を迫るものとなりました。

しかし、ここで私たちは「省察的実践者」の意義を確認するのと同時に、ショーンが、省察的実践者に関わる重大な問題点も指摘していることを見逃してはなりません。

それは、混沌とした現場に身を置き、次々に起こるトラブルとの格闘を続けていると、思考がその場しのぎになりがちだということです。

それぞれの局面では、適切に問題が設定され、解決していったとしても、長期的には間違った方向に舵が切られることがあります。たしかに、目の前の状況対応に追われていると、知らず知らずのうちに誤った方向に進んでしまうものです。

その典型的な例を、ベトナム戦争に巻き込まれていったアメリカに見ることができます。ベトナム問題の報道でピューリッツァー賞を受賞したジャーナリスト、デイヴィッド・ハルバースタムは、著書『ベスト＆ブライテスト』の中で、「最良にして、最も聡明な人々」と

36／ドナルド・ショーン（2008）『省察的実践とは何か』鳳書房

称せられたケネディ&ジョンソン政権のブレーンたちが、なぜベトナム戦争の泥沼に陥っていったのかを描いています[37]。

その当時、安全保障政策を担当していた知的エリートたちの問題は、ベトナムの歴史的背景や軍事組織の文化といったソフトな側面を無視したことだけでなく、彼らが傑出した「省察的実践者」だったことにあります。

つまり、ベトナムをめぐる状況が悪化していっても、卓越した即興的対応力を発揮し、次々に起こるトラブルをなんとか乗り切ってしまったのです。そして、「最良にして、最も聡明な人々」をもってしても処理しきれないほど事態が悪化したとき、初めて長期的なビジョンの誤りに気づいたのです。ハルバースタムは、「最良にして、最も聡明な人々」とは結局、並外れた即興的対応力がある一方で、長期的ビジョンに立った舵取りはできない、「突貫工事のエキスパート」にすぎなかったという評価を下しています。

ビジネスの現場でも、同様の事態は起こり得るでしょう。特に、ハイパフォーマーと認められる人物ほど日々の仕事に忙殺され、自分自身の行動をじっくり振り返る余裕がないものです。

このジレンマをうまく克服しないと、優秀な「問題解決のエキスパート」といえども、長期ビジョンをもたない「突貫工事のエキスパート」となってしまいます。たとえ、省察的実践者がその能力を最大限発揮しても、それが場当たり的な突貫工事の繰り返しでしかないなら、組織は誤った方向に進んでいくことになります。

そんな事態に陥らないためには、自分自身が埋め込まれた状況から一歩抜け出し、いったん仕事とは距離をおき、ふだん、無意識にとっている自分の行動や考え方を批判的に振り返ることが必要となります。

そして、自分自身の行動、考え方、経験を批判的に振り返るには、他者との「対話」が役立つはずです。繰り返し述べるように、私たちが物事を理解するためには、他者がどうしても必要なのです。

現場で日々格闘しているビジネスパーソンにとって、自分を客観視することは非常に難しいものです。でも、違った視点からの問いかけができる他者との「対話」を通じて、自分自身が埋め込まれた状況から一歩抜け出すことが可能となるに違いありません。

37／デイヴィッド・ハルバースタム（1999）『ベスト&ブライテスト〈上〉栄光と興奮に憑かれて』『ベスト&ブライテスト〈中〉ベトナムに沈む星条旗』『ベスト&ブライテスト〈下〉アメリカが目覚めた日』朝日新聞社

「対話」による問題解決が根づくトヨタの事例

「トヨタの人材育成の基本はＯＪＤ（On the Job Development）にある」

トヨタ自動車の人材育成機関、トヨタインスティテュートの森戸正和主査は、私たちがインタビューに訪問したとき、きっぱりと断言されました。ただし、それは若手の育成を、現場に丸投げするようなＯＪＴとは違い、「実務経験を通じて学ぶ」ためのビジョンと体制にしっかりと支えられたものです。

その基本となるのが、ＴＢＰ（TOYOTA Business Practice）と呼ばれる問題解決型の思考と行動のスタイルを修得することです。ＴＢＰの注目すべき特徴は、問題を自ら発見することから「問題解決」が始まることにあります。

つまり、効果的なＯＪＤを実現するには、若手社員自身で問題を発見し、その解決に主体的に取り組むことが必要だという考え方です。このような思考と行動のスタイルを身につけるために、入社八年目までに三回の「問題解決研修」に参加します。

近年、問題解決型の研修はさまざまな企業で盛んに行われていますが、若手社員を対象とする場合、通常、問題自体は与えられるもので、そのソリューションを見つけ出すというやり方が多いようです。いわば、指導者や上司がしっかりした足場を築いてやり、学習者は荷物を担いでひたすら足場を登っていくというスタイルの問題解決活動ということです。

それに対して、トヨタが実施している問題解決研修では、自分の仕事をしっかりと吟味し、業務上の課題や問題を自ら設定・発見することが、学習の大きなウェイトを占めています。

誰かが設定してくれた問題の解決に取り組んでいるだけでは、混沌とした現場に出ても、本当の意味で「実務経験を通じて学ぶ」ことはできない。現場で学ぶためには、混沌とした状況を適切な方向に意味づけるプロセスに学習者自身がコミットする必要がある。このような考え方をトヨタの問題解決研修から読み取ることができます。

また、森戸さんのお話の中でとても印象的だったのは、

「問題解決研修では『対話』の時間が非常に長いんです」


という言葉でした。

問題解決研修では、数日間の集合型セッションが行われますが、活動の大半は、集合型セッションから最終発表会までの期間、自分の職場にいながら進められます。

そこで、若手社員は、上司や社内アドバイザー（受講者の五年次上の選抜優秀者）のアドバイスを受けながら、問題解決活動に取り組んでいきます。つまり、この研修は、外部のインストラクターと受講者の間で進められるのではなく、上司（先輩）と部下（後輩）の間で進められるということです。この研修の最終発表会は年末に実施されることが多く、従って一一月頃から社内の各部署で上司や先輩が必死に受講生を指導し始めます。ですから、森戸さんも

「一一月から一二月に、オフィスに明かりがついている部署というのは、たいていが問題解決の受講生を抱えている部署ですね」

と笑いながらおっしゃっていました。

この研修の最大の特長は、上司と部下との「対話」、特に「問題設定」をめぐる深く幅広い「対話」が展開されていくことにあるといえます。

トヨタのＴＢＰ（問題解決）では、問題設定の際に「それは本当に問題なのか」と繰り返し上司や先輩から確認されるそうですが、それは、単に論理的な話ができるかどうかを問い

つまり、第2章で説明した、お互いの違いを認識することを通じて、自己理解を深める「対話」が、ここで行われているということです。

問題解決研修を通して、上司との深い「対話」を経験することで、若手社員は、自分自身が埋め込まれた状況から一歩抜け出し、ふだん、無意識にとっている自分の行動や考え方を批判的に振り返ることが可能となる。その結果、単なる「突貫工事のエキスパート」ではない、真の「問題解決のエキスパート」が育成されていく、そう解釈してもいいのではないでしょうか。

このように、トヨタの問題解決研修は、若手社員の問題解決能力を開発し自律型人材育成のお手本となるような、素晴らしいプログラムです。特に、次に挙げるような「問題解決型」の育成プログラムとしての優れた「仕掛け」を見出すこともできます。

①与えられた問題を解決するのではなく、業務上の課題や問題を自ら設定・発見することを重視した活動を展開する。
②外部のインストラクターと受講者の間ではなく、上司（先輩）と部下（後輩）の間で研修を進める。

③アウトプットのボリュームを必要最低限にとどめる「A3シート方式」を採用し、制約を設けることで、本質をあえて問わざるを得ないような状況をつくり出す。

④八年間の間に三回研修を実施することで、問題解決の考え方を個人が確実に利用できるようにする。長期的には、問題解決技法が「組織記憶」や「組織文化」として確立する。ゆえに、上司を指導役に設定しても、抵抗なく相手役を引き受けてもらえるし、また効果的に研修を進めることができる。

ただし、このプログラムを形式的に取り入れただけでは、それほど効果はあがらないはずです。既に述べたように、この研修の最大の特長は、上司と部下との「対話」にあると考えられますが、それが可能なのは、対話の重要性が「組織文化」として埋め込まれているからであり、一朝一夕で実現できることではありません。

トヨタのTBPプログラムを目にして、私たちが取り組むべきことは、その背後にある「議論」の限界と、「対話」の可能性をしっかりと理解することでしょう。それが何よりも重要です。

知識の共有

本当に必要な知識は流通しているか

情報通信技術の発達によって、ビジネスの現場でやりとりされるあらゆる「知」は明文化され、データ化され、なんらかのかたちをもった「情報」として流通するようになりました。一九九〇年代後半には、いわゆる「ナレッジ・マネジメント」と呼ばれる経営管理の手法が注目され、多くの企業で大規模システムが導入されました。

それから一〇年……ナレッジ・マネジメントのシステムは成果をあげ、知識は流通するようになったのでしょうか。

この問いに関しては、成功したいくつかの事例がある一方で、残念ながら多くの失敗例が存在することを私たちは知っています。

最も大きな問題は、「たしかに知識は流通するようになったが、みんなが共有することができたのは、業務に差し障りのない、いわば『どうでもいい知識』である」という状況です。これは、ITを導入することが自己目的化され、どのような知識を、どのような形式で共有するかについて深い考察がなされないままシステムが導入されたからではないでしょうか。

高度経済成長の牽引役であった世代が次々と現場を離れていく今、企業にとって本当に流通させなければならない知識は、長い時間をかけて人から人へと受け継がれてきた「現場の知恵」です。本来問われるべきは、いわゆる「暗黙知」や「実践知」といったものをいかに共有するかなのです。貴重な暗黙知や実践知が途絶えてしまう危険性を、多くの企業が、今もなお抱えています。

それでは、現場の知恵――企業にとって高い価値をもつ暗黙知や実践知――を組織内で共有するためには、何を行えばよいのでしょうか。

筆者らは、ここにも「対話」が果たす役割は大きいと考えています。暗黙知・実践知を組織内で共有するには、人が「私」の経験やエピソードを語り合い、そこから洞察を得る、という機会が不可欠なのではないかと考えます。

さらに論を一歩進めるのならば、「知識の共有を可能とする人間のつながり（ヒューマン・ネットワーク）をいかに築いていくか」が重要であると考えています。

以下では、「知識をモノと見なし、送り手から受け手に知識を正確に移動しよう」という、「導管メタファー」的な発想の問題点を意識しながら説明していきましょう。

なぜ知識の共有は困難なのか

まず、「組織内での知識共有を図る」という場合、そもそも「知識」とはどのようなものを指すのかを考えてみましょう。

ビジネス現場では、「生産性向上に必要な知識とスキルを修得する」といった表現をよく耳にします。この場合、知識の修得とは「ある事実を知っている」という状態、スキルの修得とは「何かのやり方を身に付けている」という状態を意味します。

しかし、「組織内での知識共有」という場合には、「組織のメンバー間で、ある事実を共有している」ことだけでなく、「組織のメンバー間で、何かのやり方を共有している」ことも含んでいます。むしろ、「事実」の共有よりも、「やり方」の共有を強く意識している場合が多いはずです。

認知心理学では、ここでいう「事実」に当たるものを「宣言的知識」(Declarative Knowledge)、「やり方」に当たるものを「手続き的知識」(Procedural Knowledge) と呼びます[38]。学術的な言い方をすれば、宣言的知識とは「〜とは〜である」のかたちの命題表現ができる知識、手続き的知識とは「〜ならば〜する」のかたちで表現される作業のやり方に関する知識、ということになります。

たとえば、「顧客であるA社は取引の際、さまざまな部分で細部にこだわる」というのは宣言的知識ですが、この事実を組織内で共有することはそれほど困難ではありません。宣言的知識は、明文化することが可能だからです。こうした情報は、イントラネット内で運用されている情報システムにインプットしておくことが容易です。

一方、「取引の際のA社への対応方法」は手続き的知識になりますが、その具体的な対応方法を明文化するのは容易ではありません。なぜ、手続き的知識の共有は難しいのでしょうか。

たしかに、「企画書をA社に提出するときには、誤字脱字のチェックを三人以上で行う」「価格の見積もりをA社に提示するときには、計算結果だけでなく、その元データの詳細を添付

38／Winograd, T.（1975）Frame representation and the declarative-procedural controversy. In D. G. Bobrow and A. Collins（eds.）, *Representation and Understanding: Studies in Cognitive Science*. Academic Press

する」といった具合に、「もし（If）〜ならば、そのときは（Then）〜する」のかたちで表現した対応のレパートリー（If-Thenルール）を列挙していくことはできます。しかし、厳密な意味であらゆるパターンを列挙し、そのすべてを個人が知識として習得することは不可能です。

したがって、実際にA社と取引するときには、担当者は対応のレパートリーを参考にしつつ、その時々の状況に合わせて、自分なりに対応方法をアレンジすることが必要となります。

このように、ビジネス現場で使われる手続き的知識のほとんどは、きわめて多様な状況に合わせて対応を変えなければならない性質をもっています。そのために、明文化し組織内共有を実現することはきわめて困難になります。

また、ビジネス現場においては、手続き的知識を活用する状況自体が、複雑で、不安定で、あいまいなものであることが、さらなる困難を生み出すことになります。

心理学の世界では、問いと答えが一義的に結び付いていて、常に明快な答えが決まる状況を「良定義問題」（Well Structured Problems）、そうでない状況を「不良定義問題」（Ill Structured Problems）と呼んでいますが、ビジネス現場で遭遇する問題のほとんどは、不良定義問題です（世の中でみんなが悩んでいる問題は、すべて不良定義問題と言ってもいいかもしれません……。それに対して、学校教育や心理学の実験では良定義問題を扱うことが多いのです)。

たとえば、営業担当者が、A社に価格の見積もりを提示する場合、通常は「計算結果だけでなく、その元データの詳細を添付する」という方法を選択すべきでしょう。しかし、この営業担当者が、A社とB社から同時期に見積もり提出を求められ、両社を同時に満足させることが困難な状況に立たされたなら、どう対応すべきでしょうか。

もちろん「計算結果だけでなく、その元データの詳細を添付する」という通常のパターンに従う選択肢もあります。しかし、B社を優先させることが自社の利益になると考えるなら、マニュアルを無視して、A社に費やす時間とコストを減らし、B社に注力することが正しい判断となるかもしれません。そして、仮に「B社を優先する」という判断を下したとしても、単純に「A社に費やす時間とコストを減らす」という対応をとるのではなく、

●B社への見積もり作成について、担当者を増員する
●見積もり提出期限の延長が可能かどうか、A社と交渉する

といった選択肢もあり得ます。

つまり、「価格の見積もりをA社に提示するときには、計算結果だけでなく、その元データの詳細を添付する」という手続き的知識に従うことが正しいかどうかは、A社を含むすべての顧客との間で進めている商談の規模と内容、これまでの取引関係、今後の関係についての見通し、さらには、他の対応方法の可能性といった、さまざまな側面からの総合的な評価によって決まるのです。

このように、不良定義問題――つまり、私たちが企業・組織において常日頃対応している問題――では、一つの状況に対して、いくつもの「正解」があり得ます。それは結局、それぞれの状況に合わせて問題は何かということを見定め、臨機応変に解決策を探っていく必要があるということです。

さて、以上の点を踏まえると、ビジネス現場における手続き的知識の共有は、次のような意味において困難だといえます。

①ビジネス現場では、きわめて多様な状況が起こり得るために、あらゆるパターンに対応した手続き的知識を表現することは事実上不可能である。

②ビジネス現場では、不良定義問題への対応を求められるため、手続き的知識を汎用的な状況で常に適用可能なものと見なすことはできない。

こうした前提から、私たちはひとつの結論にたどり着きます。それは「知識をモノと見なし、送り手から受け手に知識を正確に移動しよう」という、「導管メタファー」的な発想では、効果的な知識共有を実現することが困難である、という結論です。

では、このような状況にどう対応すればいいのでしょうか。

この問題を考えるうえで重要なヒントを与えてくれる事例として、認知人類学者ジュリアン・オールによる研究があります。以下ではその事例を紹介し、「知識共有」に対する新たな視点を探っていきましょう。

「知識共有」と「経験の語り合い」

明文化が困難な手続き的知識は、実際の仕事の現場ではどのように共有されているのか。これを明らかにするために、ジュリアン・オールは、文化人類学における参与観察(Participant Observation)の手法を用いて、ゼロックスのコピー機修理工たちが、修理技術を獲得している現場のフィールドワークを実施しました[39]。

参与観察とは、研究者が現場に居合わせ、そこで暮らす人々と生活をともにしながら、そこでの生活や文化の有り様を観察し、フィールドノートに記述していく研究方法です。文化人類学者は、多くの場合、未開の土地や辺境の土地に身をおき、そこでの人々の生活や文化に関して、長期間にわたる参与観察をしますが、オールはこの手法を、企業・組織内の調査に適用したのです。

参与観察の結果、オールが見出したのは「驚愕の事実」でした。コピー機修理工たちは、修理やメンテナンスの方法を、会社の用意したマニュアルやオフィシャルな研修から学んでいるわけではない、ということが明らかになったのです。では、どうやって学んでいるのか。

通常、コピー機修理工たちは仕事を各自のクライアント先でこなしていますが、定期的に会社に出社し、ミーティングを行います。

そのミーティングの際、彼らは自分の経験した仕事のエピソードを、「War Story＝こんなスゴイ修理をしたという武勇伝」として披露するのです。つまり、コピー機の故障を、「敵」に見立てて語り合っていました。

詰めるためではなく、「何が本質的な問題なのだろうか」ということを問いかけさせ、若手社員が、ふだん、無意識にとっている自分の行動や考え方を批判的に振り返ることを促す意図があるそうです。

実際、森戸さんは、

「新人に問題解決をやらせると、最初のうちは、解決できそうな問題や表面的な事象を安易に問題として設定し、そのソリューションの細部にこだわり、それを長々と説明することが多いんです。でも、そんなものはＴＢＰ（問題解決）とはいえません。問題の本質を突き詰めていけば、必要な説明は、Ａ３用紙一枚にシンプルにまとめられるのです」

と言っていました。

この「Ａ３シート方式」には、解決策そのものの完成度もさることながら、「どうして、自分の考えが上司には伝わらないんだろう」「上司の考えと自分の考えの違いの根本はどこにあるのだろう」といったことを徹底的に突き詰め、他者理解と自己理解を同時に深めていこうとする姿勢が示されているといえるでしょう。

「俺は、このあいだ、とんでもない敵（＝コピー機の故障）と闘ったんだ！　どういうふうにやっつけたかっていうと……実はな……」

「僕がやっつけたのは、こんな敵だった。あれには、骨を折ったよ。え、どういうふうにやっつけたかって？　……それはね……」

といった具合に、お互いに、自分の仕事のやり方、経験をエピソディックに語り合うのです。

これは「対話」のひとつと解釈できそうです。

そして、コピー機修理工たちが修理技術を学ぶうえできわめて重要な役割を果たしているのは、実はこの「対話」の場だということがわかりました。

つまり、それぞれが経験した個別具体的な仕事に関する「対話」を通じて、「知識共有」が実現されていたということです。

ここで、注意したいのは、コピー機修理工たちが語っていたのは、汎用性のあるノウハウのようなものではなく、個別具体的な状況で、自分がどう振る舞ったかというエピソードだ

39／Orr, J.（1996）*Talking About Machines: An Ethnography of a Modern Job*. Cornell University Press

ということです。

通常、知識は汎用的に役立つように、抽象的なかたちに書き換え、個々人がそれぞれの状況に応用していくものと考えられています。

マニュアルと称されるものはその典型ですし、情報通信技術を活用したナレッジ・マネジメントの多くも、こうしたかたちで知識を汎用的に利用できると考えています。個別具体的な生々しい現実は、「文字」にされ、形式知化されるのです。抽象的に、かつ、形式知として既述されなければ、汎用性を実現することはできない、と一般には考えられています。

しかし、コピー機修理工たちが共有していたのは、個々人の能力に依存した特殊な「やり方」や、特定の場面にしか適応できない限定的なノウハウでした。一般には、そうしたものは「個別具体的すぎて、汎用的に利用できない」と考えられがちです。しかし、それは違ったのです。

コピー機修理工たちは、「個別具体的すぎる経験」を語り合うことで「自分の抱えている、目の前の敵（故障）」と、「過去に耳にして、かすかに今も脳裏に残っている、他者の敵」とを関連づけ、修理を達成することができたのです。それでは、なぜ、これができたのでしょうか。

厳密な検証ができているわけではありませんが、ひとつの解釈として成立しそうなのは、個別具体的な経験の語り合いは、第1章で論じたジェロム・ブルーナーの「ストーリーモード」の思考を喚起した、ということです。

既述したようにストーリーモードとは、「ある出来事と出来事のあいだに、どのような意味のつながりがあるか」を注視する思考の形式です。修理工たちが行った経験の語り合いは、「ある修理工が、どのような意図をもち、どのような行為を行い、何を経験し、どんな帰結にいたったのか」を語り合うことですので、その思考形式は、ストーリーモードに属します。

この思考のもとで、

「オレが今、目の前にしている『やっかいな敵』は、かつてあいつが『やっつけた敵』とつながりがあるかもしれない。あいつは、あのとき、○○を実現しようとして〜のような行為を行った。そうであるならば、今、自分は何をなすべきか……」

コピー機修理工たちは、War Storyをもとに、このように「推論」を行っていた、と解釈できるかもしれません。

知識共有はネットワークとして達成される

オールの研究において、重要な点がもうひとつあります。それは、コピー機修理工たちが、自分たちが語り合った経験の「詳細」を、しっかり覚えているわけでもなかった、という事実です。覚えていないのに、コピー機の修理はできる。これは一見、論理矛盾のような気もします。どうして、このようなことが起こるのでしょうか。

この秘密は、コピー機修理工たちのヒューマン・ネットワークにあります。**図3-1**がそのイメージです。簡単に言ってしまうと、コピー機修理の手続き的知識は、修理工一人ひとりの「個人の頭の中」に蓄積されていたのではなく、コピー機修理工たちの人的つながり＝ヒューマン・ネットワーク全体に、分散したかたちで存在していたことです。こうしたかたちで、知が発揮されることを、専門用語では「分かちもたれた知能：Distributed Intelligence」といいます[40]。

図3-1　僕はネットワークをもっている

先に説明した通り、ビジネス現場では、きわめて多様な状況が起こり得るために、あらゆるパターンに対応した手続き的知識を個人で習得することは事実上不可能です。

しかし、個人が所有していなくても、必要なときに必要な知識を他者から聞き出すことができる親密なネットワークをもっていれば、ネットワーク全体に分散している膨大な経験のレパートリー（束）を、さまざまな状況において役立てることが可能です[41]。

ゼロックスのコピー修理工たちは、まさにこのようなかたちで修理技術の膨大なレパートリーを活かしていたのです。だから、お互いに語った経験の詳細を、しっかり覚えている必要もなかったということです。

かくして、コピー機修理工たちは、ヒューマン・ネットワークを駆使して、コピー機の修

40／Salomon, G.（ed.）(1993) *Distributed Cognitions :Psychological and Educational Consideration.* Cambridge University Press
41／私たちは多種多様な人々との関係の中で、他者に支援され、成長を遂げます。個人の成長を促す人々のつながりは、発達的ネットワーク（Developmental Network）と呼ばれています。
Higgins, M. C. and Kram, K. E.（2001）Reconceptualizing at work : A developmental network perspective. *Academy of Management Review,* Vol.26 No.2
富士ゼロックス総合教育研究所（編）、中原淳、松尾睦（監修）(2008)『人材開発白書２００９』富士ゼロックス総合教育研究所

理という不良定義問題を克服するにいたりました。

不良定義問題に対応するには、過去の経験や事例を参考にしながら、問題は何かということを見定める必要があります。そして、それぞれの状況に合わせて、臨機応変に解決策を探っていくためには、前節で取り上げた「協調的な問題解決アプローチ」が効果的です。

実は、ゼロックスのコピー機修理工たちが行っていたのは、修理現場での即興的な「協調的な問題解決」でもあったのです。修理現場でトラブルに見舞われたとき、エピソード的な知識を正確に覚えていない彼らは、関連ある知識をもっていそうな同僚に現場から電話をします。

そして、ネットワーク内に分散している経験のレパートリーの中からさまざまなエピソードを取り出し、それらをたたき台としながら、その場にふさわしい解決策を共同でつくり上げていくのです。

さらに、その解決策がミーティングで「武勇伝」として共有され、その後の修理現場で、新たな「協調的な問題解決」のためのエピソードとして呼び起こされることになります。こうして、過去のエピソードをもとに対話が進められるたびに、新たな解決策に合わせてエピソードが書き換えられていきます。

つまり、この事例において特に重要なことは、彼らが常に「対話」を通してつながるネットワークに参加し、同時に、エピソードを継続的に書き換えていくことで、知識が共有されていたということです。いわば、ゼロックスのコピー機修理工たちの知識共有とは、経験やエピソードのレパートリーを再構築し続けることを可能とする、親密なヒューマン・ネットワークそのものだったのです。

対話による知識共有の意味

組織内で知識をいかに共有するか。この問題を考える際、私たちはこれまで「知識を所有するのは個人であり、個人で何が解決できるかが重要」という前提に立っていたような気がします。

しかし、ジュリアン・オールによって明らかにされた、コピー機修理工たちの「知識共有」のかたちを見ると、「個人」に焦点を当てた考え方の限界に気づかされます。

コピー機修理工たちにとって、いわゆる「現場の知恵」のようなタイプの知識はヒューマン・ネットワークの中に分散していて、特定の個人が所有している必要はないし、ましてや自分が所有している必要はないのです。だから、共有すべきは知識自体ではなく、ヒューマン・ネットワークということになります。
そして、きわめて多様な状況の下で、不良定義問題への対応が求められる現場にあっては、ネットワークに参加することではじめて、「知識」を効果的に活かすことができるのです。
これは「知識共有」に対する考え方の大転換だといえるでしょう。組織学習や組織変革の研究を手掛けるジョン・シーリー・ブラウンは、オールの研究成果を踏まえたうえ、こういっています[42]。

「我々が必要とするのは、実践コミュニティであるということだ」

ブラウンの言葉から私たちが学ぶべきは、知識の所有や、知識の伝達といった「導管メタファー」的な発想を捨て去り、協調的に問題を解決していくアクティブなネットワークを構築することこそが、「知識を共有することだ」ということです。

ネットワーク構築が効果を発揮するアサヒビールの事例

アサヒビールでは、全社を挙げて「業務改革研究会」という活動が進められています。この活動では、社員が自主的にテーマを掲げ、そのテーマに関連・関心をもつ有志が自主的にプロジェクト・チームを結成したうえで、問題解決に取り組んでいます。

「業務改革研究会」という活動は既にいくつかの成果を挙げていますが、特に、アサヒビールの工場では、職場におけるアクティブなネットワークの構築に効果を発揮しています。インタビューに訪問した際、技術研修センターの杉田義生所長、茨城工場品質管理部の渡邉昌弘部長は、その効果を次のように語ってくれました。

「アサヒビールの工場では、『業務改革研究会』を利用して、工場ごとに独自の改善活動を展開しています。こうした仕掛けが促進剤となって、茨城工場でも『QC活動コンテスト』を実施し、改善が進んでいきました」

ただし、その改善は、生産性向上を実現する画期的なソリューションによってもたらされ

42／ジョン・シーリー・ブラウン、カトリーナ・グロウ、ローレンス・プルサック、ステファン・デニング（2007）『ストーリーテリングが経営を変える――組織変革の新しい鍵』同文舘出版

たのではありません。組織横断的なネットワークが構築され、それが活性化されたことが、QCの面での改善をもたらしたのです。

それまでアサヒビールの工場では、ラインや工程別に厳密に専門職が分かれており、勤務体系もバラバラなため、どうしても横のつながりが希薄になりがちだったそうです。それが、QC活動を通じて、従来は存在しなかったインフォーマルなヒューマン・ネットワークが出現し、社員同士が工場内の部門を越えて「対話」をする雰囲気ができあがってきたのです。その結果、お互いの考えていること、お互いの経験がわかるようになり、「QC活動コンテスト」以外からも改善が進むという、よいスパイラルが生まれてきたとのことです。

この「業務改革研究会」を通して、改善内容が工場間で共有された結果、「通常一日一二時間しかできなかったろ過行程の二四時間稼働に成功」したり、「びん製造ラインの品種切り替えのロス時間を四分の一にする」など、全工場における生産性は確実に上がったとのことです。

生産性向上を可能とするアクティブな協調的問題解決のネットワークの構築に対して、QC活動が大きな役割を果たしている点が、この事例の重要なポイントだといえるのではないでしょうか。

既に繰り返し述べていることですが、ビジネス現場で使われる手続き的知識のほとんどは、きわめて多様な状況に合わせて対応を変えなければならない性質をもっています。それはQC活動についても同様で、たとえ、ある特定の状況では飛躍的に作業効率を向上させる方法であっても、それを工場全体の生産性向上に結び付けるためには、各社員がそれぞれの状況に合わせ、臨機応変に導入していく必要があります。

このような複雑な状況にうまく対応し、効果的な知識共有を実現するには、「知識を伝達する」という意識よりも、「協調的問題解決のネットワークを活性化する」という意識が重要です。そして、アサヒビールの「業務改革研究会」は、そのことを再確認させてくれる事例だといえます。

組織の変革

組織を動かす見えない力

今日、企業の文化や理念に着目し、社員の価値観や信念、組織内の行動規範や社風といった「組織を動かす見えない力」[43]を推進力とした組織改革に、多くの企業が取り組んでいます。また、ビジネスパーソンの会話の中にも、「ウェイ・マネジメント」や「企業ＤＮＡ」といった言葉が頻繁に登場しています。

改めて言うまでもないことですが、企業が持続的な成功を実現していくには、組織構造や命令系統といったハードな側面だけでなく、企業文化・理念といったソフトな側面をマネジメントしていくことが必要不可欠です。

そして、このような認識は二〇年以上前から既に存在し、これまで数多くの取り組み――アカデミックな世界では、組織文化論・組織アイデンティティ論などの研究――が行われてきたことは周知の事実でしょう。

では、なぜ今、ふたたび企業文化・理念に着目する議論が生まれてきているのでしょうか。その理由は、今日のビジネス環境で求められている価値観や規範の中身自体が、従来とは大きく異なってきたことにあります。

従来、「組織を動かす見えない力」とは、組織全体にめざすべき方向性を指し示し、社員の一体感を生み出すものと理解されてきました。

これは、「価値観や規範を共有している」状態をつくり出すこと自体に狙いがあり、「どのような価値観や規範がふさわしいか」という中身は問われないということです。

第2章で『社員改造』という古いドキュメンタリー番組の話を紹介しましたが、そこで描かれている高度経済成長期の企業は、価値観や規範をしっかりと共有しています。ただし、そこで共有されているのは「上からの指示に疑問をもたず、それに従い、全力で突き進む」という当時の行動規範でした。しかし、それを「当然のもの」と受け止める価値観は、今日のビジネス環境にふさわしいものとはいえなくなってきているのではないでしょうか。


43／佐藤郁哉、山田真茂留（2004）『制度と文化――組織を動かす見えない力』日本経済新聞社、東京今日求められているのはまったく反対で、社員一人ひとりが「指示待ち」の姿勢を捨て去り、主体的に考え、判断し、行動を起こすことです。自分の認知や行動を自分でモニタリングしつつ、コントロールして成果をあげる個人――メタ認知（Meta-Cogniton）や自己調整学習（Self-Regulated Learning）能力のある個人――が、多くの企業で求められている人材像なのです[44]。

これらを総括して考えますと、今日の組織改革でイメージされている「組織を動かす見えない力」とは、「個人の主体的行動を促す力」だということです。たとえ、価値観や文化を共有し、組織全体に一体感・統一感が生まれてきたとしても、その中身が「手続き重視」「命令系統重視」「慣例重視」のままであれば、改革は成功したとはいえません。

主体性を重視する価値観や文化を、「導管」を通して一方向的に流し込み、浸み込ませることは不可能です。そこに、対話の果たす役割があります。個人が主体性を発揮し、自由に動くことを許容する方向に組織改革を進めるのであれば、対話が有効な方法論となるのです。

以下では、文化・規範・価値といった「組織を動かす見えない力」をどう活かすかを意識しながら、組織改革における「対話」の意義について考えていきましょう。

組織文化は日常に根ざす

まず、「組織を動かす見えない力」とはどのようなものかを考えてみたいと思います。それは、組織文化、企業理念、価値観といったさまざまな言葉で呼ばれ、学術的な研究対象ともなっていますが、ここでは「組織文化」を取り上げ、私たちがふだんその言葉をどのように使っているのかを見ていきましょう。

たとえば、ビジネスパーソンに「あなたの会社はどんな組織ですか」と尋ねると、その答えは千差万別です。

「よく言えば慎重、悪く言えば石橋を叩いて渡るみたいな堅実な会社。大儲けはしないけど不況には強いんだ」

「うちはポジションに関係なく誰でも意見が言える。自由闊達な会社だよ」

44／ディル・シャンク、バリー・ジマーマン（2007）『自己調整学習の実践』北大路書房
バリー・ジマーマン、ロバート・コーバック、セバスチアン・ボナー（2008）『自己調整学習の指導——学習スキルと自己効力感を高める』北大路書房
三宮真智子（2008）『メタ認知——学習力を支える高次認知機能』北大路書房

といった具合に、その人なりの言葉で語られることでしょう。そうした言葉は、組織の中で体験したこと、見聞きしたことが積み重なり、個々人が「意味づけ」した結果として表現されたものです。そして、組織文化は、人々が日常的に何気なく語るこのような言葉の中に存在しているのです。

組織文化や組織の価値観とは、命令や規則のように押し付けられるものではありません。組織文化は、それぞれの組織を構成する人々の日常的な経験に根ざしていて、「共通の体験」を語り合い、意味づけていくことによって生まれてくるのです。

これはごく当たり前のことに聞こえるかもしれませんが、実は、組織文化をどのように醸成し、組織内で共有していくかを考えるうえで、きわめて重要なヒントが隠されています。

今日では、企業理念の浸透を図るために、研修を開催したり、理念を唱和したり、ポスターやパンフレットを作成したり、ということが盛んに行われています。また、「A社ウェイ」などの言葉をつくって社長が語り、組織文化を変革しようとする取り組みも頻繁に目にします。しかし、このような「理念浸透」や「ビジョン変革」の試みの多くは、あまり成果に結び付いていないのではないでしょうか。

おそらく、そうした事例の多くは、「組織文化は、組織を構成する人々の日常的な経験に根ざしている」ということを忘れ、クリエイティブや研修など一方向的に伝達する方法だけで、「理念浸透」や「ビジョン変革」が実現すると誤解しているのだと思います。その結果、言葉だけが流通し、人々の行動が変わるまではいたらない、ということではないでしょうか。

では、組織メンバーの日常的な経験に根ざした組織文化を醸成・共有していくには、どのような方法があるのでしょうか。

心理学者のカール・ワイクの言葉に「文化を共にすることは、共通経験に関する物語を語ることである」というものがあります[45]。

組織の構成メンバー一人ひとりが、組織の中で体験したこと、見聞きしたことを主体的に語り、意味づけていかない限り、組織文化は醸成されていかないし、共有されてもいかないということです。

もちろん、「これがわが社の理念だ」とボンと投げかけることは、組織文化を変えるひと

45／カール・ワイク（2002）『センスメーキング・イン・オーガニゼーションズ』文眞堂

つのきっかけにはなるかもしれません。しかし、理念が日常的な行動と結び付くには、その内容について、自分なりに「腹に落ちて」いなければならないのです。

そのためには、理念を言語化された単なる情報として受け渡すのではなく、メンバー一人ひとりが「自分はこう考えている」とか、「自分の意見は少し違う」といった、主体的な姿勢で理念を意味づけていく機会をつくり出す必要があります。その起点となるのが「対話」なのです。

「対話」は、メンバーが各々の仕事や組織のあり方、組織がめざすものについて、相互に語り合うことを実現します。

以下では、「対話」を効果的に導入し、社員一人ひとりの日常的な経験に根ざした組織文化を醸成・共有していくことに成功しているデンソーの事例を見ていきましょう。

語り合うことを重視する「デンソー・スピリット」

デンソーは、世界の自動車メーカーに自動車部品を提供しているグローバル企業です。世界三〇カ国、総勢一〇万人にのぼる社員を抱え、いまや売り上げは三兆円を突破しています。

デンソーでは、一九七一年のロサンゼルスを手始めに、生産システムの海外移転を続けていますが、それを支える組織理念や信念システムの移転ができていないことが問題となっていました[46]。

そこでデンソーでは、世界中の全社員に伝えたい組織理念を「デンソー・スピリット」として**図3-2**のようにまとめました。

さて、既述したように、企業が理念の浸透や文化の形成を図る場合、一般的に下記のような手法をとることが多いようです。

①経営者が熱い思いを語る

46／リクルートHCソリューショングループ（2007）『感じるマネジメント』英治出版

先進	デンソーにしかできない驚きや感動を提供する	
	先取	変化を先取りしたい
	創造	新しい価値を生み出したい
	挑戦	難しい壁を乗り越えたい
信頼	お客様の期待を超える安心や喜びを届ける	
	品質第一	お客様に最高の品質を届けたい
	現地現物	事実を正しく把握したい
	カイゼン	現状より少しでも上を目指したい
総智・総力	チームの力で最大の成果を発揮する	
	コミュケーション	互いに深く理解し合いたい
	チームワーク	チームのために全力をつくしたい
	人材育成	自ら成長したい、そして後進に伝承したい

図3-2　デンソースピリット

出所：デンソーホームページ　http://www.denso.co.jp/ja/csr/employee/joint

②クリエイティブ（パンフレット、ポスター、DVD、手帳など）を作成する
③組織理念を朝会などで唱和する
④入社研修などで教え込む

デンソーにおいても、活動をはじめた当初は、トップが理念を語り、冊子やポスターなどのクリエイティブを作成する、といった方法を踏襲していました。役員が手分けして各地に散らばる事業所に赴き、熱弁を振るうといったキャラバンも組みました。しかし、思いのほか、こうした手法は効果が薄かったといいます。

そこで、彼らが活動の中核に据えたのが、「社員同士が対話する場」を職場に形成することでした。役員によるキャラバンを続行するとともに、職場ごとにデンソー・スピリットに関して「自分の仕事経験」を語り合う場を設けたのです。

職場の長が、「対話」のファシリテーター役を担当していました。やがて、社員の口から次々とエピソードが語られるようになりました。こうして、同じ職場の仲間が日頃の仕事経験を通して感じたデンソー・スピリットを語り合うことにより、本当の意味で理念が一人ひとりのものとなったのです。

デンソーの取り組みは現在も続いていますが、組織理念の浸透、組織文化の形成に「対話」を導入した事例として注目に値します。

変革を誘発することへの意識

「デンソー・スピリット」の事例を通じて、社員一人ひとりが主体的な姿勢で理念を意味づけていくことの重要性、さらに、「対話」がそのような姿勢を生み出す有効な起点となることが、おわかりいただけたと思います。

組織文化は、それぞれの組織を構成する人々の日常的な経験に根ざしていて、組織の中で体験したこと、見聞きしたことを主体的に語り、意味づけていかない限り、醸成されていかないものです。もちろん、共有もされません。このポイントをしっかりと押さえ、「導管メタファー」的な発想を捨て去ることが、「組織を動かす見えない力」を組織の改革に結び付けていく第一歩となります。

ただし、「対話」を活用した組織の改革を推進していくためには、もうひとつ考慮しなければならないポイントがあります。それは、「対話」を実践に結び付けていこうとする意識です。この意識がないと、「対話」自体が盛り上がったとしても、それが組織の変革に結び付かないという事態を招きかねません。

一般に対話の場は、ビジネスの文脈でなされる通常のコミュニケーションとは若干異なる雰囲気をもっています。対話の場では人々の気分は高揚しがちで、ややもすると「対話は盛り上がるけれども、行動はまったく変わらず」といったことが起きる傾向があります。

個人が主体性を発揮する方向に組織改革を進めようとするなら、「対話がはずむ場＝盛り上がるだけの場」ではなく、実践と結び付くかたちの対話が進む場を設定することが重要だということです。

実践と対話を結び付ける花王のワークショップ

それでは、どのように「実践に結び付く対話の場」を構成すればよいのか。花王の取り組みから考えてみましょう。

二〇〇四年一〇月、花王は企業理念を明文化した「花王ウェイ」を発表しています。この企業理念は、明治二〇年の創業以来、社内で重視されてきた「よきモノづくり」や「絶えざる革新」という考え方を中心に、「使命」「ビジョン」「基本となる価値観」「行動原則」の四要素から構成されています（図3－3）。

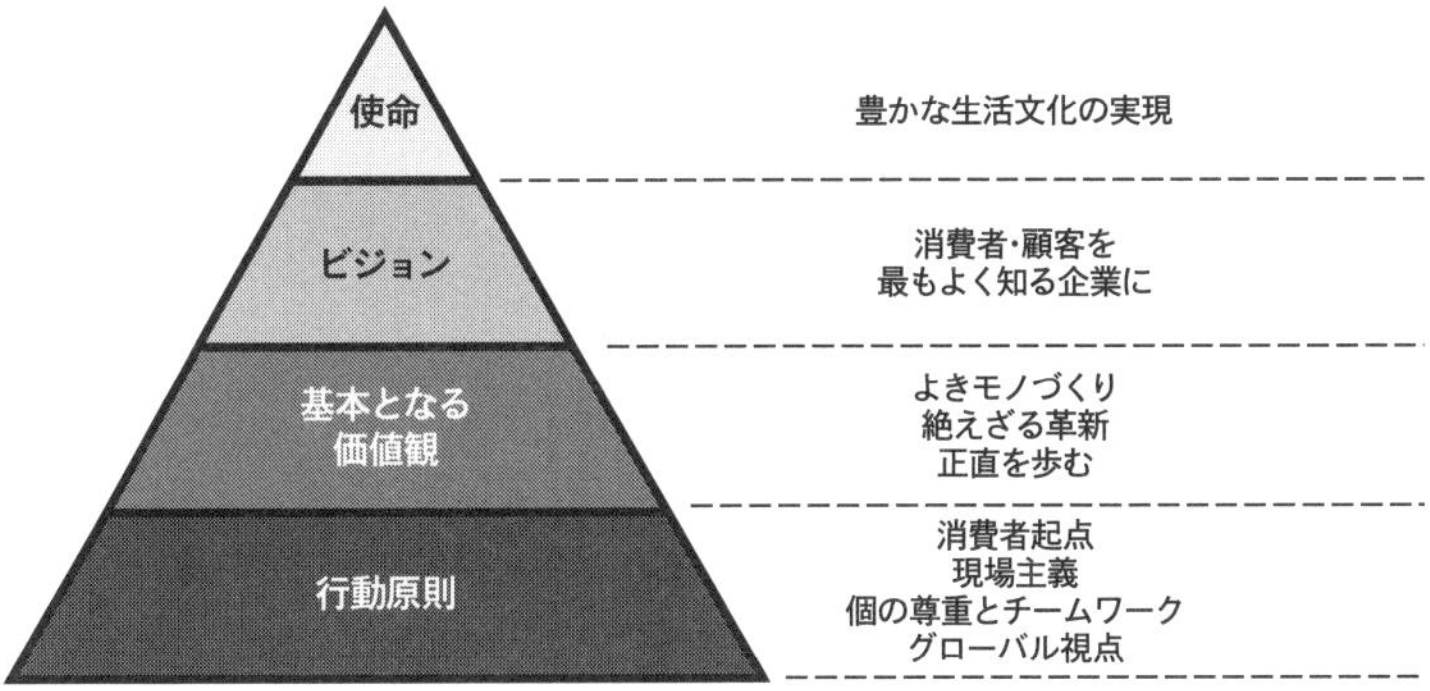

図3-3　花王ウェイ
出所：花王ホームページ
http://www.kao.co.jp/corp/about_kao/kaoway/index.html

今日、企業理念を明文化していく試みは多くの企業で進められていますが、「花王ウェイ」の特徴は、それを社内に浸透させていく活動に見出すことができます。特に、コーポレートコミュニケーション部門を中心に展開されているワークショップは、実践と対話を結び付けた取り組みとしてとても興味深いものです。

このワークショップは、「花王ウェイの理解」というテーマでのレクチャー、「花王ウェイの実践事例」を共有するグループディスカッションという二部で構成されています。ただし、ワークショップの運営方法や使われているツール等については、特に奇抜なものはなく、いたってオーソドックスだと言えるでしょう。

では、注目すべき点はいったい何でしょうか。それは、ワークショップが職場単位で展開されていることにあります。

おそらく、「花王ウェイ」の効率的な浸透を重視したなら、各部署からメンバーを選定し、研修のようなかたちでワークショップを運営していく方法が採用されていたはずです。部門全体で本来の業務を離れ、企業理念に関するワークショップを実施することが、現場に歓迎される方法でないことは想像に難くありません。しかし花王はあえて、職場単位でワークショップを実施していったのです。

その理由として、このワークショップの企画に携わったコーポレートコミュニケーション部門の下平博文さんは、

「『理念は理念、仕事は仕事』という割り切った意識を払拭したかった」

と語っています。つまり、実践と「対話」を結び付けようとする意識が強かったということです。

この「職場単位のワークショップ」に見られるユニークさは、一般に実施されている「研

修」形式での活動と対比することで明らかになるでしょう。

通常、研修は職場から一定の距離がおかれた場で実施されます。だから、職場での自分の振る舞いをいったん「棚に上げて」、研修参加者は企業理念について自由に語ることができるのです。職場から解放されることで、「うちの部署はもっと理念の実現に努力すべきだ」という発言も誘発されやすくなります。つまり、研修という場を活用することで「対話」自体を活性化することができるということです。

それに対して、職場単位でワークショップを実施する場合、職場での自分の振る舞いを「棚に上げて」発言することは困難だといえるでしょう。自分の仕事ぶりを日々、目の当たりにしているメンバーの前では、「理念は理念、仕事は仕事」という割り切った態度をとることにもためらいを感じるはずです。

たとえば、「うちの部署はもっと理念の実現に努力すべきだ」という発言をしたなら、その発言内容が本当に現場で実践されているかが試されることになってしまいます。そのため、職場で「正論」を語ることを躊躇するビジネスパーソンも少なくないはずです。

実際、花王でも、企業理念に関するワークショップを職場単位で実施することには抵抗もあったそうです。

しかし、地道な活動を続け、人々の感じるためらいを打破したとき、「対話」の内容が現場での実践としっかり結び付いていきます。そして、「実践にもとづく対話」と「対話の実践への反映」という好循環につながっていくのです。

What I say is what I do.

このように表現できる状況をいかに生み出すかが、実践と対話を結び付けていくためのひとつのヒントとなるのではないでしょうか。そして、「花王ウェイ」の導入過程で実施されている職場単位でのワークショップは、そのような状況を生み出す仕掛けとして機能するといえるのではないかと思います。

ただし、ここで十分に注意しなければならないのは、職場のメンバー一人ひとりが、あくまでも主体的に実践と対話を結び付けていこうとしなければならないということです。

職場であることを意識しすぎて、企業のビジョン・理念に対する疑問や、否定的な発言を排除するような雰囲気になっているのでは、「対話」の効果が発揮されません。日常業務では、上司と部下の関係であったとしても、「対話」を行う以上、やはり自由な雰囲気が必要不可欠です。
社会心理学者のケネス・ガーゲンは、「対話」によってもたらされる創造的な変化の力について、次のように述べています[47]。

「人々は多様なストーリーをもっていますが、そうしたレパートリーの中には、きっと、価値をもつもの、不思議なもの、面白いものがあるはずです。組織にとって、ストーリーは銀行にとってのお金のように大切な資源です。つまり、(人々の)多様なストーリーを引き出してくることは、新たな未来の展望に投資することなのです。ストーリーを人々が共有することで、そうした展望が実現可能であるという確信が生まれます。価値を認めるナラティブは、創造的な変化の力を解き放つのです」

このような点を踏まえると、「対話」による組織変革を実現するカギとなるのは、「対話」を実践に結び付けようとするシリアスな意識と、創造的な変化の力を呼び起こす自由な雰囲

47／ケネス・ガーゲン(2004)『あなたへの社会構成主義』ナカニシヤ出版

気を、いかに共存させていくかにあるといえるのではないでしょうか。

ときには批判的にもなり得る、そうでいて創造的にもつながる「オープンなコミュニケーション」と、そうしたコミュニケーションが可能になる土壌（心理的安全――この場では何を言っても許容されるという雰囲気）をいかに実現するかが重要です。

もちろん、これは容易なことではありませんが、不可能ではありません。今後多くの企業で、個人の主体的行動を生み出していく「組織を動かす見えない力」に支えられた、豊かで成熟した組織文化が醸成されていくことを願ってやみません。

「対話」による組織変革にひそむ問題

これまで述べてきたように、「対話」は個人の主体性を重視する組織文化や価値観を醸成するための有効な方法論となります。そして実際、組織変革に大きな効果を発揮した事例も存在します。

しかしときには、組織に対してネガティブな結果をもたらす場合もあります。それは、文化や価値観に対する「過剰適応」という問題です。

とりわけ、組織で働く個人が、組織の文化や価値観に過剰な適応をしたとき、「燃え尽き症候群」という問題が起こり、組織全体のパフォーマンスが低下していく可能性が高くなります。

文化人類学者のギデオン・クンダは、一九八〇年代にコンピュータ市場を席巻していたDEC社で「燃え尽き症候群」にかかったエンジニアたちの様子を、詳細なフィールドワークをもとに描き出しています[48]。当時、DEC社は、「自由な雰囲気」と「社員の自律した行動」を特徴とする企業文化で知られていました。しかし、その背後では、「自由な雰囲気」とは裏腹に、社員の行動のコントロールが組織的に行われていたのです。

ビデオ、各種のクリエイティブ、経営トップによるエキサイティングな演説はもちろんのこと、さまざまな儀礼、イベント、ワークショップ、研修を開催し、社員同士でDECとは何かについて「対話」をする機会が度々設けられていました。そして、「DEC社とはどういう会社か?」「DEC社にいる自分たちは、どのような働き方をするべきか」といった「対話」が組織的に推進された結果、「企業文化のエンジニアリング（Engineering Culture）」が表面的には成功しているように見えたのです。

しかし一方で、この組織文化に過剰適応してしまったエンジニアの中には、深刻な問題が広がっていきました。「自由な雰囲気」と「自律した行動」という文化や価値観の背後には、「過酷で激しい競争」という現実が存在していたことも事実です。でも、このような文化や価値観の下では、競争を乗り切るためのハードワークも、組織が強制したものではなく、社員の「自律した行動」の一環と見なされてしまいます。つまり、DEC社の企業文化は「自主的なハードワーク」を社員に迫るのです。

しかし、巧妙なのは、「自主的なハードワーク」を「自ら選択」しているのは、ほかならぬ社員だということです。会社が設定した「対話」を通して、彼らはそうした行動を自ら選択することになるのです。そして、ＤＥＣ社にとって都合のいい「自律した行動のストーリー」を否定できない社員は、身体にムチをうって、恒常的なハードワークに取り組むことになります。その文化が「なんとなくおかしい」と思いつつも、猛烈に働くことで体はボロボロになる。そして、自分が文化に過剰適応していることに気づかないまま、破滅に向かってしまう。その結果起こるのが、「燃え尽き症候群」というわけです。

当然のことながら、この問題が組織内に蔓延していくと、長期的には組織全体のパフォーマンス低下を招くことになります。事実、九〇年代に入り、ＰＣが市場に出回り始め、劇的な環境の変化が起こった時、ＤＥＣ社は新たな環境に適応することができませんでした。その一因には、企業文化に対する過剰適応の問題があったと推察することも可能です。

今までの成功体験によって築かれた文化と現実の状況の間にギャップが生じた場合、古い文化を忘れ去り、新たな文化を構築することで、ギャップは克服されるでしょう。しかし、

48／ギデオン・クンダ（2005）『洗脳するマネジメント』日経ＢＰ社

多くの社員が古い文化に過剰適応していると、現実とのギャップは埋まりません。九〇年代のDEC社はそのような状態に陥っていたのではないかと推察します。

この事例は、「学習棄却」の重要性を改めて思い起こさせてくれます。通常、組織学習というと、知識やノウハウが組織の中で生み出され、それが活用され、制度化されるプロセスに焦点を絞った議論がなされることが多いと思います。大まかに言えば、組織学習論の中に位置付けられる知識創造論も、基本的には組織学習の生産的な一面に注目しています。

しかし、組織学習にとって重要なのは、「何を得て、何を生み出すか」ということと同時に、「何を捨て去るか」ということです。このことを専門用語で「学習棄却」(Unlearn)といいます。とりわけ知識やノウハウが効果的に活用されてきた組織では、環境変化によってその効果が半減したとしても、それまでの習慣を容易には捨てられないものです。だからこそ、学習棄却をいかに実行するかが重要なポイントとなるのです。

もちろん、「対話」を活用する場合でも同じです。対話によって組織の文化や価値観をいったんは環境にふさわしいものへと変革したとしても、状況が変化すれば、それらは古びたものとなります。とはいえ、古い文化や価値観が一人ひとりの胸のうちまで深く浸透していればいるほど、個人にとっても、組織にとっても、捨て去りがたいものとなってしまうものです。

つまり、「対話」が組織変革や組織学習に大きな効果を発揮することもあれば、特定の組織文化や組織理念を長期間にわたって根づかせてしまうこともあり得るということです。組織の改革において、「対話」はたしかに意義深い有用なものです。ただし、それは普遍的な万能薬ではありません。対話の意義について知ることは、対話のポジティブな側面を手放しで称揚することではありません。対話がもたらす「意図せざる結果」についても、しっかりと見据えていく必要があります。

第４章
「対話」による新たな学び
「第三の道」をめざして

「対話」をめぐる知的探求の旅《インテレクチュアル・ジャーニー》から見えてきたもの

本書の中で、私たちは「対話」をめぐる知的探求の旅を続けてきました。その道のりを振り返ってみると、ビジネス現場のあちこちで生じている「伝わらない」現象に着目し、その要因を探ることが旅の始まりだったといえるでしょう。

最初に見出したのは、「伝わらない」現象の背後に、人々の意識を「情報の移動・流通の効率化」にのみ向かわせてしまう、「導管メタファー」[49]というコミュニケーション観があることです。

そしてさらに、人文社会科学の知見を吟味することで、本当の意味で相互理解を深めていくには、導管型コミュニケーションから脱却することが求められるという理解に到達しました。

では、導管メタファー的な発想から脱却した深い相互理解の実現に向けて、「対話」というコミュニケーションは、どのように効果を発揮するのでしょうか。それを明らかにするために、私たちの探索は社会構成主義[50]と呼ばれる哲学的立場へと進んでいきました。

ここで見出したのは、「意味づけること」の重要性です。

人は「対話」の中で、物事を意味づけ、自分たちの生きている世界を理解可能なものとしています。人が物事を意味づけるときに、独りでそれに向かっているのではありません。相互理解を深めていくには、単に「客観的事実（知識・情報・データ等々）そのもの」を知っているだけでなく、「客観的事実に対する意味」を創造・共有していくことが重要となるのです。特に、個々人の経験や思いについてストーリーモード[51]で積極的に語り合うことで、自己理解と他者理解が相乗的に深められ、新たな視点や気づきが生まれてくることを、社会構成主義は明らかにしています。

「対話」に関するこのような理解をもとに、私たちの探索はさらに、組織にとっての「対話」

49／Reddy, M.（1979）The Conduit Metaphor. In A. Ortony（ed.）, *Metaphor and Thought*. Cambridge University Press
50／たとえば、ケネス・ガーゲン（2004）『あなたへの社会構成主義』ナカニシヤ出版
51／ジェロム・ブルーナー（1998）『可能世界の心理』みすず書房
ジェロム・ブルーナー（2004）『教育という文化』岩波書店
ジェロム・ブルーナー（2007）『ストーリーの心理学――法・文学・生をむすぶ』ミネルヴァ書房

の意義へと向かいました。ここでは、「協調的な問題解決」「知識の共有」「組織の変革」という問題に対して、「対話」がどのような効果を発揮するかについて考察を進めました。

そして、協調的な問題解決を進めるには、多様な視点から語り合い、状況を共に意味づけていくことがいかに重要かということ。また、暗黙知・実践知を組織内で共有するには、経験やエピソードを語り合い、アクティブなヒューマン・ネットワークを築くことがいかに重要かということ。さらに、組織の理念を醸成・浸透させていくには、メンバー一人ひとりが主体的な姿勢で理念を意味づけていくことがいかに重要かということ。「対話」が組織にもたらすものを探っていく中で、これらの意義が浮かび上がってきたのです。

さて、ここまでの考察を振り返ってみると、「対話」というものが、単に「伝わらない」現象を解決するだけでなく、コミュニケーションを通じて人々の考え方、振る舞い方、あり方、ひいては個人と個人の関係や、組織そのもののあり方を、主体的に「変容」させていく可能性が見えてくるのではないでしょうか。そして、そうした「変容のプロセス」こそを、筆者らは「学び」と呼びたいのです。

一九九〇年代以降の教育学、および関連諸科学では、「学びとはけっして個人の頭の中に知識やスキルを伝達することではない」という認識が急速に広がりました。ものの見方や行動が変わり、それに伴い、自分のあり方も変わる。そのプロセスを通じて、個人と他者との関係、個人と組織との関係、ひいては組織そのものが変わっていく。これらエージェント間で、さまざまに展開する「変化（Change）」こそが、「学ぶ」ということの「本質」なのではないか、という認識が研究者のあいだで広まりつつあるのです[52]。一言でいえば、学習とは「伝達」ではなく、「変容」であるということになります[53]。

以下では、「対話」をめぐる旅の締めくくりとして、コミュニケーションという視点から、「対話」と「新たな学び」の可能性について考えてみたいと思います。

52／ここで筆者がサラリと述べているのは1990年以降、学習理論の世界に台頭した状況的学習論（Situated Learning）という考え方です。状況的学習論のすべてが「変わること」に力点を置いているわけではありません。その骨子は学習を個人に対する知識やスキル蓄積ととらえず、社会的かつ文化的な営みとして把握するということです。下記の書籍がおすすめです。
有元典文・岡部大介（2008）『デザインド・リアリティ――半径300メートルの文化心理学』北樹出版
杉万俊夫（2006）『コミュニティのグループ・ダイナミックス』京都大学学術出版会
上野直樹（1999）『仕事の中での学習――状況論的アプローチ』東京大学出版
53／学習を「伝達」と見るか、「変容」と見るかの背後には、「コミュニケーションをどのように見るか」という問題があります。
Pea,D.R（1996）Seeing What We Build Together :Distributed Multimedia Learning Environments For Transformative Communication. In T. Koschmann（ed.）, *CSCL :Theory and Practice of Emerging Paradigm.* Lawrence Erlbaum Association

「オープンなコミュニケーション」の実現に向けて

「効率的なコミュニケーション」と「緊密なコミュニケーション」の問題点

まず、これまでの議論をもとに、ビジネスの現場におけるコミュニケーションの問題点について、整理してみましょう。

ここまで繰り返し述べてきたように、組織内で暗黙知・実践知の共有が進まないのは、知識を「伝達可能なモノ」と見なし、「効率的な伝達・流通」のみを重視してきたことが大きな原因です。また、企業理念が組織改革に結び付かないのも、理念を一方向的に伝達していこうという発想に問題があると言えるでしょう。どちらの場合も、知識や理念が人々の日常的な経験に根ざしていて、日常の中で語り合い、意味づけられることで、創造・醸成・共有されていくという理解が欠如しています。

知識共有や理念浸透を進めるためには、コミュニケーションを単なる「情報伝達」ではなく、「相互理解」と意味づけ、日常的な行動を方向づける価値観や規範について、組織メンバー間で相互理解を深めていくことがきわめて重要だといえます。これは、「効率的なコミュニケーション」のみを追求してきた導管メタファー的な発想から脱却するということです。

ただし、価値観や規範の共有ということから、かつての日本企業に見られた家族的な結びつきを想像してしまうと、進むべき方向を見誤ることになります。

一九八〇年代、いわゆる「企業文化論」[54]が注目を集めていた時代には、家族のような結束を保ち、一丸となって組織の発展に突き進む日本企業の強さが目立っていたことも事実です。しかし、その時代に共有されていた価値観や規範は、今日のビジネス環境で強く求められている「個人の主体的な行動」を生み出すものではありませんでした。むしろ、組織自体が企業に隷属する個人の集団であったことで、全社一丸となって行動することができたのではないでしょうか。

たとえ価値観や規範を共有していたとしても、社員一人ひとりが主体的に考え、行動する

54／トム・ピーターズ、ロバート・ウォーターマン（1983）『エクセレント・カンパニー：超優良企業の条件』講談社
テレンス・ディール、アラン・ケネディー（1983）『シンボリック・マネジャー』新潮社

ことができないのであれば、今日のビジネス環境に相応しいものとはいえません。

つまり、単一の価値観と規範の浸透、家族のような強い結束力、そして、身体感覚から自然に発生する一体感を重視し、社内運動会や社員旅行を通じた「緊密なコミュニケーション」を進めることは、組織に隷属した社員を生み出すことにもなりかねないということです。

近年、バブル期に廃止した社内運動会や社員旅行、さらには社内寮を復活させようとする企業が増えていると聞きます。それ自体が悪いことではないですが、そうした試みが「かつて社内に存在していた緊密なコミュニケーションを復活させれば、問題はすべて（Catch All）解決する」という安易な思い込みのもとでなされているのなら、現代のビジネス環境にふさわしい結果をもたらすのかどうかは議論の余地がありそうです。

価値観共有、主体性発揮、そして「第三の道」へ

このような点を踏まえると、「効率的なコミュニケーション」でもなく、「緊密なコミュニケーション」でもない、私たちがめざすべき「第三の道」[55]が見えてきます（図4-1）。

価値観や規範についての深い相互理解をメンバー間で実現しつつも、同時に、メンバー一人ひとりが組織に隷属することなく、主体的に考え、行動していく道を探る。そのために求

められるのは、「オープンなコミュニケーション」をビジネスの現場で積極的に展開していくことです。

ここで言う「オープンなコミュニケーション」の実現とは、日常的な活動の中で、次のようなやりとりや態度を、メンバー全員が自然に受け入れている状態だといえるでしょう。

●真剣な話し合いではあっても、相手を打ち負かそうとする敵対的なムードではなく、友好的なムードを保ち続ける。

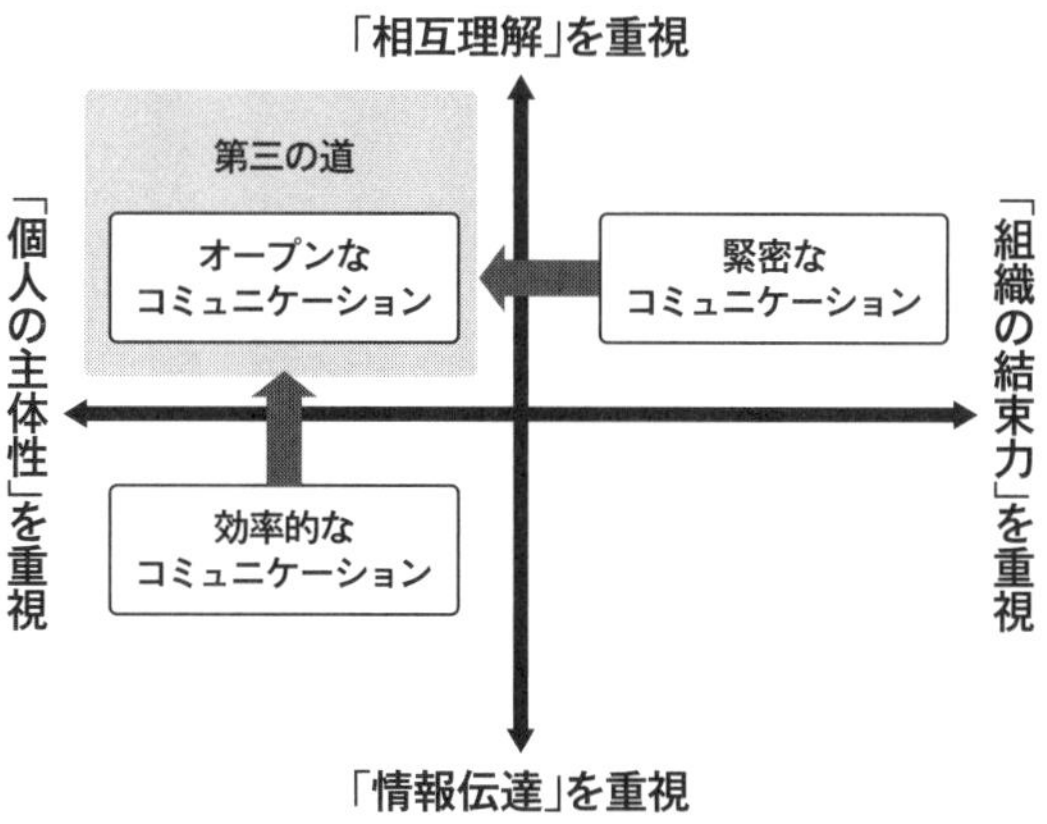

図4-1 「第三の道」をめざして

55／ここで言う「第三の道」は、イギリス・ブレア政権における綱領のベースにあった「The Third Way」（ギデンズ、1999）を指しているわけではありません。あくまでも、ビジネスの現場におけるコミュニケーションのあり方に関する「第三の道」を意味しています。

アンソニー・ギデンズ（1999）『第三の道：効率と公正の新たな同盟』日本経済新聞社

●意見や考え方の優劣を決めようとするのではなく、一つひとつの意見や考え方の中にユニークさや斬新さを見出し、それらを尊重する。

●その一方で、意見の相違から目をそらすことなく、相手を尊重しつつも、お互いの差異を浮き彫りにし、それを受け入れる。

●「一般的には……」「業界的には……」といった三人称的な視座から見解を述べるのではなく、「私」を前面に出した一人称的な視座から、自分の経験や思いを語る。

もうおわかりだと思いますが、これらはすべて、本書の中で、「対話」を行う際のキーポイントとして取り上げたことです。そして、「ビジネスパーソンの学び」を研究領域とする筆者らが、「対話」というコミュニケーションのあり方に注目するのは、組織に隷属する個人の絆に頼ることなく、自律した個人と個人の関係を保ちつつも、同時に、深い相互理解を生み出していく、「オープンなコミュニケーション」をビジネス現場に根づかせていく必要性を強く感じているからです。

かつての日本企業は、「緊密なコミュニケーション」に支えられ、価値観や行動規範をしっかりと共有していました。あえて「相互理解を深めよう」と意識しなくても、メンバー間の「あうんの呼吸」や「以心伝心」が当たり前のように存在していたのです。しかし、その反面、絆に縛られた個人が主体性を発揮することは困難でもありました。

その後、インターネットが世界中に広がっていった「情報化の時代」、個人は主体的に情報を発信していく自由を手にしました。しかし同時に、「効率的なコミュニケーション」の追求という、導管メタファー的な発想もまた私たちの中に定着していったのです。その結果、価値観を共有することや、相互理解を深めることの重要性が忘れ去られていきました。

このような流れを経た今日、「メンバー間での価値観の共有」と「個人としての主体性の発揮」の両者を共存させることが求められています。その実現をめざすのであれば、かつてのやり方を乗り越え、「第三の道」をめざすべきではないでしょうか。

今、私たちは、「以心伝心」でわかり合えた時代への「憧憬」を捨て去る必要があります。どんなに望もうとも、その時代はけっして帰ってくることはありません。時計の針を逆に戻すことで、今、不確実なビジネスの現場で次々と生まれてくる新たな問題を解決することはできません。

「あうんの呼吸」と引き換えに受け入れてしまった「組織への隷属」から解放され、一人ひとりが主体性を発揮し続けるためには、相互理解を深めていく活動に意識的に取り組んでいかなければなりません。

組織メンバー間の相互理解は、唯一絶対の価値観に縛り付けられた「絆」――かつての日本企業が誇っていた――によって無意識にもたらされるのではありません。主体的な存在であるメンバー一人ひとりが、お互いの価値観を尊重しつつ、スマートで成熟した知的活動を通じて達成していく。それが、「効率的なコミュニケーション」でもなく、「緊密なコミュニケーション」でもない、「オープンなコミュニケーション」の実現をめざすということです。

そして、この実現こそが、「働く大人にとっての、もうひとつの学びの環境をつくりあげること」にほかなりません。

「成熟した大人の学び」の実現に向けて

ビジネスパーソンにとっての学びとは？

「学ぶ」という言葉を聞いたとき、多くのビジネスパーソンがまず思い浮かべるのは、「知識の習得」ということでしょう。企業内の研修に参加し、業務に必要な知識やスキルを身に付ける。ビジネス書を読むことで、最新の考え方や事例を知る。ビジネスに関わる人材育成の現場では、こうした活動が学ぶということと同義と見なされる時代が長く続いてきました。

しかし、ここ数年、人材育成の潮流は劇的に変化しています。いわゆる「経験学習」という考え方が急速に受け入れられるようになってきました[56]。

具体的には、「仕事ができる」と言われるレベルに達するには、研修や文献から知識を習

56／中原淳（編著）、荒木淳子、北村士朗、長岡健、橋本諭（著）(2006)『企業内人材育成入門』ダイヤモンド社

得するだけでは不十分だという認識が徐々に広がっていきました。「熟達者」[57]になるには「現場での経験」が不可欠である。そして、できれば「修羅場の経験」を踏ませ、それを克服させ、その後に「振り返る機会を与えること」が重要だ。こうした認識を人材育成に関わる多くの人がもつようになりました。

かつての人材育成には「現場で人材育成をする」といえば、「上司—部下間での指導と権限委譲」を意味する「ＯＪＴ」というラベルしかありませんでした。しかし、いまや現場での人材育成は、ＯＪＴに限定されるものではありません。困難な仕事を成し遂げていく過程でのさまざまな経験を通じて、「一皮むける」[58]ことにつながるきっかけを与え、ビジネスパーソンの熟達化を促進していくアプローチが、既に常識となりつつあると言っていいのかもしれません。

しかし、「困難克服と振り返りによる熟達」は、言うのは簡単ですが、またアポリア（難問）でもあります。適切なタイミングで上司が部下に「困難を経験させること」、すなわち「現在の能力を超えた背伸びの経験をデザインすること（ストレッチ経験）」[59]も、また難しい課題ではあります。しかし、最大のアポリアは「困難を振り返ること」にあるのだと思います。

第2章で、私たちは「突貫工事のエキスパート」という言葉を知りました。現場で日々格闘しているビジネスパーソンは、ともすれば、「業務」と「経験」に追われてしまいがちです。自分の行動や考え方を批判的に振り返るためには、自分自身が埋め込まれた状況や日々の仕事のルーチンから一歩抜け出し、いったん仕事とは距離をおき、ふだん無意識にとっているあり方を見つめる必要があります[60]。

57／ビジネスにおける「熟達化」に関する専門書としては、次の文献が背景理論と実証事例を網羅しており、かつ、研究者以外にも比較的読みやすいと思います。
松尾睦（2006）『経験からの学習：プロフェッショナルへの成長プロセス』同文舘出版
58／金井壽宏（2002）『仕事で「一皮むける」』、光文社
59／Ericsson, K. A., Krampe, R. T., and Clemens, T.（1993）The Role of Deliberate Practice in the Acquisition of Expert Performance. *Psychological Review*, Vol.100 No.3
60／ちなみに、教育業界には、「這い回る経験主義」という言葉があります。学習者の「体験」や「経験」を重視した教育を行ってしまうと、振り返りやまとめの時間をとることができず、結果として得たものが身に付かないことを揶揄した言葉です。現場を這い回って、貴重な経験や体験をすることは、それ自体非常に素晴らしいことです。しかし、そこで振り返りが十分になされない限り、そこでの教育は「這い回る経験主義」に堕してしまいます。
　教育学者の上田信行先生（同志社女子大学）、佐藤優香先生（国立歴史民俗博物館）は、「学習における振り返りの重要性」について、イタリア料理をメタファに面白い指摘をなさっています。　イタリア料理は、通常、①ストッツキーノ、②アンティパスト、③プリモピアット、④セコンドピアット、⑤フォルマッチョ、⑥フルッタ、⑦ドルチェ、⑧カフェ＆プティフールという流れで料理が供されるそうです。このうち、実は、⑤以降は、チーズやスイーツといった、いわゆる「ドルチェ」が続きます。
　イタリア料理において、ドルチェがこれほど長い意味は、リフレクション（reflection：内省）の時間をゆっくり確保するためなのだそうです。フォルマッチョ、フルッタ、ドルチェ、カフェ＆プティフール……ゆっくりと時間をかけて、その日の料理、そして、今日の会話を振り返り、内省する時間なのだそうです。佐藤先生、上田先生の喩えは、振り返りには十分な時間をかけることが必要だということを、私たちに思い出させてくれます。

そして、その際には、他者との「対話」が役立つことを指摘しました。

繰り返し述べてきたように、私たちが物事を理解するためには、他者のまなざしが必要です。今、仮に、あなたが「振り返ってください」と誰かに指示されたとします。この指示にしたがい、自分ひとりで、「振り返ること」ができるでしょうか。「何」を対象にして熟慮すればいいのか、途方に暮れてしまうのではないでしょうか。

むしろ、何かのテーマを決めて、「誰か」に対して、自分の仕事や、自分自身を語り、その語りに対して他者からのコメントや問いかけがなされるとき、結果として、「振り返り」が可能になるのではないでしょうか。そのようなときに、「ああ、自分は振り返ることができたな」と実感するのではないでしょうか。

人は、自分を客観視することは非常に難しいものです。異なった視点と経験をもち、そこから問いかけてくれる他者との「対話」を通じて、自分自身が埋め込まれた状況から一歩抜け出し、振り返ることが可能となるに違いありません。筆者らは、振り返りを「個人」に閉じたものとせず、協同的なものと捉えたいと思います。

Learning bar（ラーニングバー）での新たな学び

筆者らは、これまで、働く大人を対象にしたLearning bar（ラーニングバー）というワークショップ、研究会を、東京大学で開催しています[61]。

Learning barは、「働く大人」「組織」「学び」の三つの領域に興味関心をもつ方々が参加する学びの場です。毎回、人材育成の実務家、医師、教師、国家公務員、大学教員、アーティストなど、多様な背景をもった方々が参加します。

かつて、Learning barで筆者らは「自分の仕事経験を振り返る」というワークショップを開催したことがあります。その際、筆者らから参加者に対して投げかけた問いは、

「あなたが社会に出たあとで、最も学んだ、最も成長したと思える印象的な出来事は何ですか。ブロックを使って、その様子を表現してください」

61／参加は下記のページをご参照下さい。
http://www.nakahara-lab.net/learningbar.html

というものでした。

参加者は、一人ひとりにとっての「印象的な出来事」を表現していきます（図4-2）。作品ができあがったら、グループで個々人の経験を共有します。


作品を作り終えた約一五〇人の参加者ほぼ全員が、自分の経験を語り始めます[62]。仕事の中で、自分がどのような場面で成長実感を得たのか。そこで何を学んだのか。そのとき、誰が自分を助けてくれたのか。こうしたことは、ふだん仕事をしていくうえではあまり意識されないものです。このワークショップでは、そこをあえてテーマに取り上げました。

一般に、人前で自分の経験を語るのは、なんとなく気恥ずかしさを伴うものですが、ブロックで一度表現して、その後に他者に向けて作品を説明するように活

図4-2　Learning bar
「自分の仕事経験を振り返る」というワークショップ

動を組み直したことによって、気後れする参加者はあまりいないようでした。かくして、多くの人々が自分の成長を他者に語り、それをもとに他者から問いかけを得る、という振り返りの機会を得ることができました。

Learning barは、組織に隷属する個人の「絆」に頼らず、自律した個人同士の関係を保ちつつ、深い相互理解にいたる「オープンなコミュニケーション」の実現をめざしています。筆者らが実施しているので、大学で行っていますが、別にこれと同じことはどこでもできるはずです。実際にLearning barに参加なさった方々の中には、自分の会社、自分の組織で同じようなワークショップや研究会を開催される方がいらっしゃいます。

このような機会を自分の身近にもつくっていくことが、「成熟した大人の学び」を社会に実現することにつながるのではないかと考えています。

62／ブロックは、この場合、「The cognitive tool to think with（考えるための認知的道具）」として利用されます。このワークショップの背後には、コンストラクショニズムという学習理論があります。
Kafai, Y. Band Resnick, M.（1996）*Constructionism in Practice :Designing, Thinking, and Learning in a Digital World*. Lawrence Erlbaum Association

「学びのサードプレイス」をつくる

サードプレイス（第三の場所）という概念

「対話」を通じて、硬直化したものの考え方や思考形式、行動様式を解きほぐしていくこと。筆者たちは、それが、「対話による学びの可能性」であると思っています[63]。

しかし、それを実現していくことは非常に難しい問題でもあります。なぜならば、私たちの思考形式や行動様式は長期にわたる学習や仕事の経験から構築されてきたもので、それを簡単に解きほぐすための処方箋は存在しないからです。現在、この課題に関しては、いくつかの試みが進められていますが、残念ながら、確かな成果が得られるまでには、もうしばらくの時間がかかりそうです。

そのような中、私たちが取り組むべきことへのヒントを与えてくれる興味深い概念を、都市社会学の研究に見出すことができます。それは、レイ・オルデンバーグが提唱した「サードプレイス（第三の場所）」[64]という概念です。

「サードプレイス」とは、家（必要不可欠な第一の場所）と職場（必要不可欠な第二の場所）に加え、都市に暮らす人々にとっての「必要不可欠な第三の場所」を意味します。オルデンバーグは、「サードプレイス」の代表例として、イギリスのパブ、フランスのカフェ等を挙げ、それらが自由でリラックスした雰囲気の対話を促進し、都市生活における良好な人間関係を生み出す重要な空間であると主張しています。

そして同時に、今日のアメリカでは「サードプレイス」が消滅しつつあるために、居住地域における人々の関係が希薄になっていることを問題視しています[65]。

63／哲学者の鶴見俊輔氏が、かつて大学生であったころ、ヘレン・ケラーに下記のように言われたそうです。「私は大学でたくさんのことを学んだが、そのあとたくさん、Unlearnしなければならなかった」鶴見氏は、このときの「Unlearn」を「学びほぐす」という言葉で訳していらっしゃいます。ここで筆者らが提案している「硬直化したものの考え方や思考形式、行動様式を解きほぐすこと」は、鶴見氏の「学びほぐし」のプロセスといえるのかもしれません。

64／Oldenburg, R.（1989）*The Great Good Place: Cafes, Coffee Shops, Bookstores, Bars, Hair Salons, and Other Hangouts at the Heart of a Community*. Marlowe &Company.

65／今日のアメリカにおいて、地域の人間関係が希薄化している問題は、ソーシャル・キャピタル論の視点からも指摘されています。たとえば、ロバート・パットナム（2006）『孤独なボウリング：米国コミュニティの崩壊と再生』柏書房

では、パブやカフェに代表される、人々の対話を促進する「サードプレイス」とは、どのような空間でしょうか。オルデンバーグは、その特徴を「インフォーマルで、パブリックな営み」を促進する場と表現しています。「インフォーマル」とは、他者に強制されない、個人の自由意志にもとづく行動を意味します。また、「パブリック」とは、ひとりで行う活動ではなく、他者とのかかわりの中で行う活動という意味です。

ここから、都市生活における「場」は、そこで行われる活動の特徴を「フォーマル／インフォーマル」「パブリック／プライベート」という対称性をもつ二軸を使って分類できます（図4-3）。

「第一の場所」である家は、個人の自由意志で行動することは可能ですが、家族以外の他者とかかわりをもつことができません。一方、「第二の場所」である職場は、他者とのかかわりの中で行動

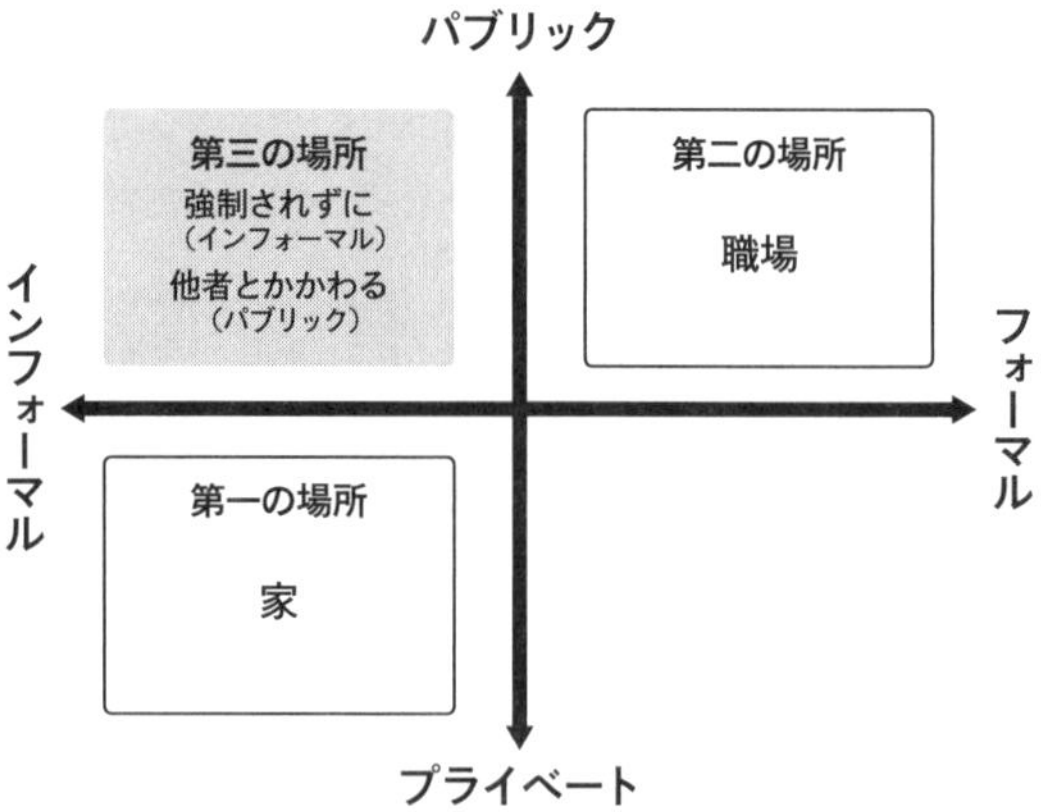

図4-3　サードプレイス

しますが、そこには従わなければならない規則や、組織全体としての目的が存在しているために、個人の自由な行動が制限されることになります。

それに対して、「サードプレイス」とは、強制されない自由を保ちつつ、他者とのゆるやかで心地よい関係を構築することができる空間ということです。都市に暮らす人々は、職場における拘束感から解放され、家ではもつことのできない多くの他者とのかかわりを楽しむ空間の心地よさを体験することで、「サードプレイス」に惹きつけられ、都市生活における「インフォーマルで、パブリックな営み」の重要性に感覚的に気づいていくのです。

インフォーマルでパブリックな「学びの場」

さて、ここで「フォーマル／インフォーマル」「パブリック／プライベート」という二軸を使い、ビジネスパーソンにとっての「学び」という活動を整理してみましょう。すると、興味深いことに気づきます（図4-4）。

まず、学びにおける「フォーマル／インフォーマル」とは、

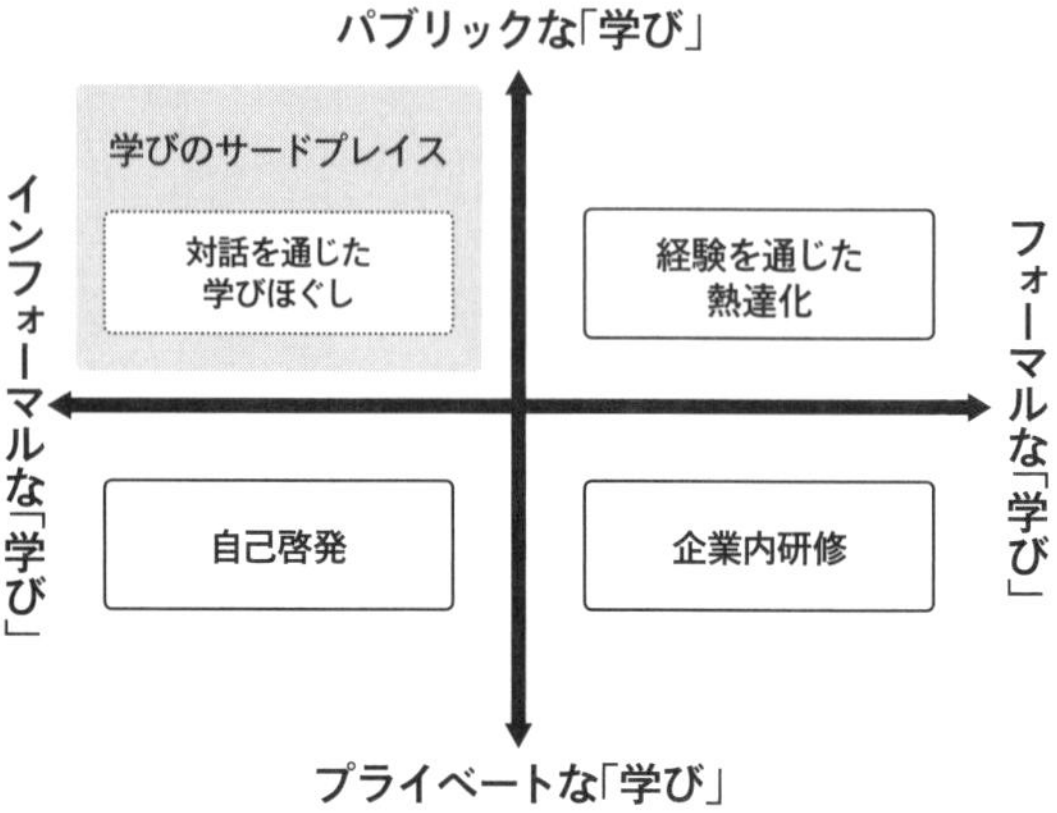

図4-4　学びのサードプレイス

【フォーマル】
組織によって管理・運営される「学び」
【インフォーマル】
学習者の自由意志で取り組む「学び」

を意味すると解釈できるでしょう。一方、学びにおける「パブリック／プライベート」は、次のような意味に解釈できます。

【パブリック】
他者とのかかわりの中で体験する「学び」
【プライベート】
個人的な活動として展開していく「学び」

以上のような解釈を前提に考えてみると、「インフォーマルで、プライベートな学び」とは、学習者の自由意志で取り組み（＝インフォーマル）、個人的に展開（＝プライベート）していく、自己啓発的な学習活動を意味することになります。

また、「フォーマルで、パブリックな学び」とは、組織によって管理・運営（＝フォーマル）され、他者とのかかわりの中で体験（＝パブリック）する学習活動を意味します。それは、ビジネス現場での実践経験を通じて達成されていく熟達化に相当するでしょう。

さらに、企業（組織）の指示によって、個人が知識習得に取り組むことになる企業内研修が、「フォーマルで、プライベートな学び」に相当すると考えられます。つまり、従来の人材育成では、「フォーマルで、プライベートな活動」が中心的な「学び」に位置づけられてきたということです。

それでは、今日のビジネス環境のどこに、「インフォーマルで、パブリックな学び」は存在するのでしょうか。前節では、自分の成長を他者に語り、それをもとに他者から問いかけを得る中で振り返りを行う、新たな「学び」について考察しました。このような意味での「学び」が、学習者自身の自由意志で取り組み（＝インフォーマル）、他者とのかかわりの中で体験（＝パブリック）する学習活動に相当すると解釈できるでしょう。

しかし、残念なことに、「インフォーマルで、パブリックな学び」が積極的に展開されている場を、人材育成をとりまく環境の中に見出すことは困難です。つまり、自由で心地よい他者との関係の中で進められる「対話」を通じ、仕事を成し遂げていく過程でのさまざまな経験を振り返っていく「学びのサードプレイス」が、今日の人材育成には欠如しているということです。

先に述べたように、長期にわたる学習や仕事の経験から構築されてきた思考形式や行動様式を解きほぐすための処方箋は存在しません。しかし、自分自身が埋め込まれた状況から一歩抜け出し、自分自身の経験を振り返る「学びのサードプレイス」をつくり出すことが、硬直化した私たちのマインドセットをときほぐしていく新たな一歩となるのではないでしょうか。そして、「学びのサードプレイス」で得るさまざまな経験を手掛かりに、私たち一人ひとりが主体的に考え続けることで、「対話」による新たな学びの姿は、徐々にではあっても、その鮮明さを増していくに違いありません。

「対話」による新たな学びの可能性を信じて

ビジネスの現場に新しい考え方を採り入れ、新しい試みを始めようとすると、瞬く間に、そのほとんどがツールやメソッドといった「有形で伝達可能なモノ」に変換されてしまいます。それによって、私たちは、未知の「何か」に対するモヤモヤ感から解放されるのと引き換えに、新しい考え方や試みがもつ可能性の多くを手放していくことになります。おそらく、本書のテーマであった「ダイアローグ」に関しても、今後さまざまなツールやメソッドが生まれるでしょう。「絶対に成功する対話のマニュアル」がつくられ、人から人へと「伝達」されていくことが予想されます。

一九八〇年代、「暗黙知」という新しい考え方がビジネス分野に紹介されたとき、あいまいで捉えどころがないことを意味したはずの「暗黙知」が、そのあいまいさに耐えきれなくなった人々によって、あたかも「有形で伝達可能なモノ」であるかのように語られ始めます。

そして、「暗黙知をつくり出す」「暗黙知を蓄積する」といったうたい文句と共に、さまざまなナレッジ・マネジメントのツールやメソッドが氾濫していきました。その結果、「暗黙知」という新たな概念から導かれたはずの豊かな学びの機会を、私たちは見失ってしまったようにも感じられます。

「対話」には、ビジネスにおけるコミュニケーションのあり方や環境を豊かなものに変えていく、大いなる可能性を見出すことができます。しかし、それをツールやメソッドといった「有形で伝達可能なモノ」に変換してしまうことで、「対話」によってもたらされる新たな学びの機会を見失ってしまうことになるかもしれません。

そのような事態を避けるためには、「対話」をトップダウン式で組織に導入する「知識共有のツール」や「理念浸透のメソッド」としてではなく、日常に根ざしたコミュニケーションの中に位置づけることが大切です。

そして、日常の中で組織メンバーの一人ひとりが「オープンなコミュニケーション」にコミットしていく姿勢をもち続けることで、「対話」という試みは、徐々にではあっても、一歩一歩しっかりと、自由で、心地よく、そして、豊かな「成熟した大人の学び」の創造につながっていくことでしょう。

複雑で変化の速い環境と激しい競争にさらされるビジネス現場において、新しい考え方、新しい試みは、常にフラジャイルなものです。しかし、そのフラジャイルさを受け入れて、温かく見守り続け、粘り強く育んでいったあとで、ようやく新しい「何か」が少しずつ実を結んでいくのです。筆者らは、そう信じています。

おわりに——ダイアローグ・オン・ダイアローグ

長い長い執筆を今終えることができて、心からホッとしています。教育学者と社会学者の書いたこの小さな本が、ふだん、なかなか顧みることのない「職場のコミュニケーションのあり方」を振り返るきっかけになれば、これ以上に嬉しいことはありません。

ビジネスは「生き馬の目を抜くような場」だと、ときに評されます。しかし、そこで働く多くの人々にとって、そこはコミュニケーションの場であると思います。我々は、日々、人と出会い、コミュニケーションをしています。

激烈きわまる競争の果てに、少しだけ乾いてしまった私たちのコミュニケーションの本質を、見直してみませんか。少しだけ硬直してしまった、私たちのコミュニケーションを「ときほぐして」みませんか。

そのことは、結局、我々の「学び」「成長」、ひいては生活の質を上げることに寄与します。

なぜなら、本書の社会構成主義の部分で見たように、私たちが学ぶこと、成長することの本質は、コミュニケーションにあるからです。そして、もちろん、組織の強さや人材の強化にも、それは寄与する可能性があります。

筆者らが本書を執筆した動機はここにあります。ダイアローグに参加すること――つまりは、私たち自身がオープンなコミュニケーションの中に「ある」ことで、私たち自身が学び、成長し、変わること。そして、組織のあり方自身も変わっていくこと。「変わること」とは、まさにダイアローグの中にあるのではないか――本書を書いた最大の理由は、こんな思いからです。

実は、その他にも、筆者らがこの本を書くにいたった理由があります。

それは「ダイアローグ」というものの可能性を拓くこと――具体的には、さまざまな人々が議論に参加し、誰もが気軽に実践できるものにしたかったからです。

以下、これについての思いを書きます。

まずは、「さまざまな人々が参加する」というくだりです。

企業人材育成や組織変革の仕事に携わっている方には周知のことですが、通常、ダイアローグとは「学習する組織論」の内部で使われる言葉です。

これらの言説の内部では、「ダイアローグが何か」という問いに対して、「学習する組織論」の内部の独特の専門用語や言説で、その解説が行われる傾向があると思っています。

周知の通り「学習する組織論」は、組織学習研究の中において実務家主導で発展する理論系です。そこでの理論体系が、他の人文社会科学の知見と交流をもつことは、これまで非常に稀ではなかったと筆者らは考えています。

ダイアローグの言説は、米国においては、実務に関心のある一部の大学関係者によって構築が試みられています。しかしそれは残念なことに、人文社会科学の知見とは相互交通をもたない独自な領域として発展しており、アカデミクスの世界で学術研究として正式な認知を受けているわけではありません。

そのせいかどうかはわかりませんが、これまでの日本でのダイアローグの語られ方は、「ダイアローグのもたらす効果」といったプラクティカルな側面だけが、「ダイアローグとは何か」という根源的な問いやダイアローグというものの背後にひそむ思想的基盤からは切り離されて、クローズアップされがちでした。そこに圧倒的に不足しているのは、「なぜ、そうなるのか」という理論的基盤や、合理的根拠であると筆者らは感じています。この傾向は、近年のビジネス書でもてはやされつつあるコンセプトである「ストーリーテリング」や「物語」といったことについてもいえます。

ましてや、日本においては、組織学習分野の研究が米国に比べて遅れているのが現状です。学習する組織論を云々する以前に、組織と学習に関する研究が圧倒的に不足しています。

こうした現状を憂い、近年は、志ある人々がボランティアで集まり、アカデミックの世界と実務の世界を架橋しつつ、学習する組織の研究を進めておられます。その方々の活動は、必ずしも短期的なビジネスをめざすのではなく、本気でダイアローグについて考える機会をもとうとしており、大変共感できます。

今回、筆者らは本書を書くにあたり、ダイアローグの本質を人文社会科学のさまざまな知見を背景にして、描くことにつとめました。学習する組織論というひとつの理論系の内部からそれを描くのではなく、より多くの研究者が追求している研究領域に位置づけ直したうえで、それを「拓こう」と努力したつもりです。筆者らのこの取り組みで、そうしたボランティア活動が活性化すればいいのにな、と密かにかつ勝手に願っていました。

おそらく、今回の筆者らの本が出版されることで、これまで以上に多くの研究関係者や実務家の方々に、ダイアローグに関心をもっていただけるものと信じています。筆者らの記述や議論が粗雑なせいもあり（!?）、おそらく、いろいろな意見や批判が出てくるでしょう。

でも、それでいいのです。

それこそ、我々が求めるものなのです。

ダイアローグ・オン・ダイアローグ――すなわち、ダイアローグについてダイアローグする機会をつくりだすこと、これが筆者らの行いたかったことのひとつでもあります。

次に、「誰もが気軽に実践できる」のくだりです。本書において、筆者らが取り組みたかった密かな願いは、ダイアローグを「組織変革の手法」だけでなく、働く人々が実践できるものとして位置づけることでした。

上記のような理論出自があって、ダイアローグは通常、「学習する組織」を構築するための組織変革の手法として位置づけられています。組織変革は、通常、外部コンサルタントが介入して実施されます。ゆえに、ダイアローグは、どちらかというと、外部コンサルタントが主導して実施される、特定のコミュニケーションとして認知されています。その中には成果をあげている実践も少なくありません。また、筆者らは、この領域でめざましい成果をあげる、たくさんの有能なコンサルタントを知っています。

しかし、人文社会科学の観点からすると、ダイアローグとは、組織変革の現場のために存在するものではありません。私たちは日々コミュニケーションを営みながら、物事を理解可能にして生きています。相互理解が可能になるため、私たちは、協働することができます。ダイアローグは、何か危機に瀕したときに、外部からの介入によってはじめて実現するだけのコミュニケーションではありません。私たちが、日常のコミュニケーションを見直し、対面で向き合ったとき、ダイアローグは、もう既にそこにあるのです。

筆者たちは、ダイアローグを、より多くの人々が日常を生きている世界の物事として位置づけ直したいと思いました。今回の「小さな本」だけで、その試みが成功したかどうかはわかりませんが、とにもかくにも、賽は振られたのだと思います。


最後になりますが、編集の労をとってくれたダイヤモンド社の前澤ひろみさん、井上佐保子さんに心より感謝します。お二人と筆者らで経験した、あの夏の二日間にわたるダイアローグは、愉しいものでした。本当にありがとうございました。

『企業内人材育成入門』以来御世話になっている、同社の石田哲哉さんは、今回は「星飛雄馬のねーちゃん」のように、木陰からそっと見守ってくれました。何度も「ダメ出し」を受け、心が「ひんまがって、よじれて、途中で折れそう」になりそうな筆者らに、タイミング良くフォローを入れていただきました。

最後にもうひとり。本書の著者は中原・長岡の二名でありました。しかし、実は、本書の執筆に陰ながら協力してくれた研究者に、山形大学 助教の酒井俊典先生がいます。彼は、本書の企画を練り上げる段階で、筆者らにインスピレーションを与えてくれました。もともと、彼は本書を執筆の予定でしたが、今回は博士学位論文の執筆を最優先するということになりました。

また、取材にご協力いただいた各企業の担当者の方々にも感謝いたします。企業経営が厳しさをます中で、自らもプレイングし続けている皆さん。お忙しい中、貴重な時間をありがとうございました。

最近とみに思うことがあります。

筆者らが「大人の学びや成長」を語るときに、その問いは「大人」のひとりである私たち自身の方にも、再帰的につきつけられていることなのだ、と。

つまり、

あなたは、大人に学べという
あなたは、大人に成長せよという
あなたは、大人に変容せよという
あなたは、大人にダイアローグせよ、という

で、そういう「あなた」はどうなのだ？

あなたは学んでいるのか？
あなた自身は成長しようとしているのか？
あなた自身は変わろうとしているのか？
そして、あなたはダイアローグの中にいるのか？

そう、筆者たち自身も問われているのです。

この問いに、僕らはいつも背筋が伸びる気持ちがします。僕らが学び、成長し、ダイアローグの中にいなければ、僕ら自身の言葉がどんなに虚ろに聞こえるのか。そのことを考えただけで、畏れを感じてしまうのです。

ともかく、今回の本の執筆のプロセスは、皆さんとのダイアローグの中にありました。それは間違いないことです。

これまでも、そして、これからも。

僕らはかくありたいと願うのです。

二〇〇九年二月

中原　淳

長岡　健

写真／公文健太郎

［著者（写真左）］

中原 淳（なかはら・じゅん）

立教大学経営学部教授。大阪大学博士。「大人の学びを科学する」をテーマに、企業・組織における人材開発・組織開発・チームワークについて研究している。ダイヤモンド社「研修開発ラボ」監修。著書に『企業内人材育成入門』（ダイヤモンド社）、『研修開発入門』（同）、『人材開発研究大全』（東京大学出版）、『フィードバック入門』（PHP研究所）など。立教大学経営学部においては、ビジネスリーダーシッププログラム（BLP）主査、立教大学経営学部リーダーシップ研究所副所長などを兼任。

Blog : NAKAHARA-LAB.NET（www.nakahara-lab.net）

［著者（写真右）］

長岡 健（ながおか・たける）

法政大学経営学部教授。東京都生まれ。慶應義塾大学経済学部卒、英国ランカスター大学マネジメントスクール博士課程修了（Ph.D.）。専門は組織社会学。「学習と組織」をめぐるステークホールダーの行動や言説を、社会理論、学習理論、コミュニケーション論の視点から読み解いていくことを研究テーマとする。アンラーニング、サードプレイス、ワークショップ、エスノグラフィーといった概念を手掛かりとして、「大人の学び」の新たな意味と可能性を探るための学習環境デザインに取り組んでいる。共著に『企業内人材育成入門』（ダイヤモンド社）などがある。

URL : http://www.tnlab.net　Twitter : TakeruNagaoka

ダイアローグ 対話する組織

2009年2月26日 第1刷発行
2022年11月30日 第10刷発行

著 者——中原 淳
長岡 健
発行所——ダイヤモンド社
〒150-8409 東京都渋谷区神宮前6-12-17
https://www.diamond.co.jp/
電話 03·5778·7233（編集） 03·5778·7240（販売）

装丁———大悟法淳一（ごぼうデザイン事務所）
本文デザイン—石榑 隆+永瀬優子（ごぼうデザイン事務所）
写真———公文健太郎
製作進行——ダイヤモンド・グラフィック社
印刷———新藤慶昌堂
製本———ブックアート
編集担当——前澤ひろみ

ISBN 978-4-478-00567-5